U0164751

香港烏照跑

東西方文化融匯下的香港賽馬事業

香港馬照跑

薛浩然 著

東西方文化融匯下的香港賽馬事業

謹 以 此 書 獻 給

薛劉麗芳女士

以誌永遠的懷念

香港馬照跑——東西方文化融匯下的香港賽馬事業

出　版：薛浩然
　　　　香港新界荃灣灰窰角街28號美德大廈3A樓D&E室
　　　　E-mail: khysit@yahoo.com.hk

編　著：薛浩然

設計 / 製作：書作坊出版社

發　行：利源書報社
　　　　香港新界大埔汀麗路33號中華商印刷大廈三樓
　　　　Tel: 2381 8251　Fax: 2397 1519
　　　　E-mail: lysalted@netvigator.com

版　次：2020年8月初版

國際書號 / ISBN：978-988-78679-3-7

定　價：HK$168

目　錄

序　言 ……………………………………………………… 011

第一章 · 英國賽馬文化的緣起與發展 …………………… 013

1　賽馬文化的興起 ………………………………………… 014

　1.1　純種馬的誕生 ……………………………………… 016

　1.2　賽馬運動的精神 …………………………………… 016

2　英國人對賽馬活動的感知 ……………………………… 018

　2.1　精英與上層階級：休閒及彰顯社會地位 ………… 018

　2.2　工人階層的參與：賭博為主 ……………………… 023

3　賽馬與賭博 ……………………………………………… 028

4　英國王室的參與 ………………………………………… 032

　4.1　英國賽馬的總部：新市場馬場的建立 …………… 033

　4.2　王室盛會：雅士谷馬場與王家的關係 …………… 035

5　英國殖民地擴展與賽馬文化的輸出 …………………… 038

第二章 · 香港賽馬事業的肇始與發展 …………………… 039

1　引　言 …………………………………………………… 040

2　肇始時期：1841-1939 ………………………………… 042

　2.1　跑馬地馬場 ………………………………………… 046

　　2.2　馬場大火（1918）……………………………………050

　　2.3　香港賽馬會的成立…………………………………051

3　日治時期：1941-1945……………………………………054

4　蓬勃時期：戰後-1997……………………………………057

　　4.1　沙田馬場的興建與落成……………………………057

　　4.2　挽狂瀾於既倒：彭福將軍領導下的賽馬事業中興期…062

5　特區時代的香港賽馬事業：1997至今…………………069

　　5.1　北京奧運與從化馬場的建立………………………070

　　5.2　香港賽馬的人、馬與賽事…………………………072

　　5.3　賽馬會的設施與會籍………………………………077

第三章・香港賽馬事業與東西方文化的融合……………081

1　引　言……………………………………………………082

2　賽馬活動與文化的互動關係……………………………084

3　中國傳統文化、民生與馬的關聯………………………087

4　東方文化的賭博觀念……………………………………090

　　4.1　賭博是跨階層性的活動……………………………093

5　中國歷代政府和民間對賭博的認知……………………096

　　5.1　中國民間傳統和賭博的關係………………………101

6　賽馬活動與其他博彩活動的異同………………………103

　　6.1　香港對賽馬、賭博活動的相關法律和規定………106

　　6.2　寓賭博於娛樂——香港賽馬文化的有機結合………107

第四章・香港賽馬事業傲視全球的重要因素……………113

1　賽馬活動是香港多元社會管治下的一服政治融合劑………114

　　1.1　政府與賽馬會的合作打擊非法賭博………………117

2　香港賽馬活動與其他博彩事業在性質上的基本道德分野⋯119

　　2.1　賽馬會推廣有節制博彩措施⋯⋯⋯⋯⋯⋯⋯⋯⋯⋯119

　　2.2　賽馬賽事已成一種分析性、鬥智遊戲現象⋯⋯⋯⋯121

3　嚴謹、有效率、公平和創新的公益事業體制⋯⋯⋯⋯⋯⋯123

4　香港賽馬活動與慈善福利事業的成功結合

　　　　　　　　成為社會的一股積極力量⋯⋯⋯⋯127

　　4.1　賽馬會對民生及社會需要的貢獻⋯⋯⋯⋯⋯⋯⋯⋯127

　　4.2　賽馬會應對2020年抗疫的支援工作⋯⋯⋯⋯⋯⋯134

5　結　語

第五章 · 香港賽馬事業發展的前瞻
　　　　——香港賽馬會行政總裁應家柏先生的訪談錄

1　前　言⋯⋯⋯⋯⋯⋯⋯⋯⋯⋯⋯⋯⋯⋯⋯⋯⋯⋯⋯⋯⋯138

2　訪談內容⋯⋯⋯⋯⋯⋯⋯⋯⋯⋯⋯⋯⋯⋯⋯⋯⋯⋯⋯⋯139

第六章 · 結　論
⋯⋯⋯⋯⋯⋯⋯⋯⋯⋯163

附　　錄
⋯⋯⋯⋯⋯⋯⋯⋯⋯⋯⋯⋯⋯⋯⋯⋯⋯⋯⋯⋯⋯165

1　香港賽馬活動大事年表

　　（Hong Kong's Horseracing: A Chronology）⋯⋯⋯⋯⋯167

2　圖片來源⋯⋯⋯⋯⋯⋯⋯⋯⋯⋯⋯⋯⋯⋯⋯⋯⋯⋯⋯⋯⋯173

3　參考文獻及書籍⋯⋯⋯⋯⋯⋯⋯⋯⋯⋯⋯⋯⋯⋯⋯⋯⋯⋯180

致　　謝
⋯⋯⋯⋯⋯⋯⋯⋯⋯⋯⋯⋯⋯⋯⋯⋯⋯⋯⋯⋯182

序

自1842年始，英國通過三條不平等條約先後侵佔了香港島、九龍半島和新界，總面積約1100平方公里。在殖民統治之下，香港由一個中國南方邊陲的小漁港逐漸發展成舉世聞名的大都會，世界五大金融中心之一，亦是世界主要航運中心之一。

在英殖時期，社會上流傳著這樣一種說法：香港殖民地管治的核心建基於「三頭馬車」之上，即港督、匯豐銀行大班和馬會主席。因此，香港賽馬會（回歸前稱為「英皇御准香港賽馬會」）在香港社會和市民心中的地位與重要性可見一斑。

在中、英就香港前途問題談判期間，為了穩定香港民心，實現平穩過渡，中國政府提出了「一國兩制、港人治港、高度自治」的方針政策，由於「一國兩制」屬前無範本參照的創舉，故對一般平民百姓，特別是絕大部分接受了一百多年殖民地教育、對政治冷感的香港民眾來說實難開竅。在這歷史性時刻，鄧小平以石破天驚之勢提出「馬照跑、舞照跳」，使香港民眾之憂慮頓覺釋然，這六個字寥寥數語卻有千鈞之力，有如《天方夜譚》中《阿里巴巴與四十大盜》故事里「芝麻開門」的咒語，打開了進入藏寶洞窟的大門一樣，言簡意賅地深入民心。從另一個角度來看，也印證了香

港賽馬運動在平民百姓心中　個不可取代的地位。

　　因此，對香港賽馬事業的探討和研究非常有必要。本書的宗旨就是嘗試從香港賽馬事業的發展，特別是以東西方文化的角度去解構賽馬事業成功的因由，以此見證香港從殖民史到一國兩制的今天之發展印跡。

　　是為序。

薛浩然

2020年7月

於新界石門

第一章

英國賽馬文化的
緣起與發展

1・賽馬文化的興起

　　馬在英國民族文化中具有獨特的象徵意義和重要的地位，對英國人民的生活有著重要深遠的影響。不論是英國民族的風俗習慣、文學作品，還是體育娛樂生活，都體現了英國人對馬的喜愛。馬是英國人民的生活不可或缺的良伴益友，馬的聯想形象和象徵意義在英國人眼中永遠是勇敢、智慧和忠誠。

　　在英國文化裡，馬的形象是高大、威武、健壯、勇敢和俊美的。在基督教國家裡，馬是勇氣和寬容的象徵，守護國家、地方、行業的聖人，如英國的守護聖人聖佐治（Saint George）常常以騎馬的姿態出現。人們會把胸針設計成馬頭的拱形形狀，當作護身符，再繫上三角形的墜飾，這樣走起路來叮噹作響，據說可以嚇走妖魔鬼怪和即將到來的敵人。又如，英國人有在家門口掛上馬蹄鐵的習俗，因為馬蹄在他們看來是一種吉祥物，可以帶來好運，寓意趨吉避凶。

　　1174年，在倫敦西北部的士美菲路（Smithfield）馬展上，首次出現比較正式的賽馬運動。在1195年的一

圖1：版畫「聖佐治屠龍」，杜勒（Albrecht Dürer，1471-1528）繪。

場3哩（約4.8公里）的賽馬中，英王查理一世（Charles I）捐贈了一個金錢袋，是世界賽馬歷史上第一筆的賽事獎金。

賽馬是在馬匹於各方面發揮重要作用的大環境下自然出現：牠不僅是作為一種交通工具，也是身份的象徵。馬匹的質素更是馬主財富的外在表現。與馬匹所有權相伴而生的，是馬主之間不可避免的競爭，於是便出現有組織性的比賽。最初是兩匹馬之間的相互比拼，隨後出現有多匹馬參與的規範化比賽。賽馬活動也可以發揮一定的經濟功能，例如馬主在出售馬匹之前，可以透過參加比賽來炫耀其馬匹質素。

十八世紀和十九世紀早期的賽馬並不僅限於純種馬參與，也有專門為混種馬，獵狐馬，甚至是矮種馬組織的比賽。比賽類別如此繁多，其中一個原因是交通問題：由於馬匹需自行走到賽馬場地，因此賽事傾向於僅屬本地範圍，亦限制了參賽馬匹的數量。不過由於有分組賽機制的安排，即使馬匹數量有限，也可進行一整日的比賽。比賽類別繁多的另外一個原因是，賽馬在當時主要是一項社交活動，但並非僅限於特權階級，普通公眾亦能參與。對於缺少公眾娛樂活動的大多數群眾而言，賽馬是當地社區的一個大事件，因此群眾都以極大熱情去參與賽事。除了以觀眾身份觀看賽事外，公眾亦希望更深入地參與賽馬，因此，當出現機會時，農民們更會親自騎馬參加比賽。

參與賽馬活動的英國人認為，賽馬是「我們真正的國家運動」。全國越野障礙賽（Grand National），打吡大賽（Derby），皇家雅士谷賽馬日（Royal Ascot），唐加士達的聖烈治錦標（St.

圖2：十九世紀的馬匹買賣，Robert R.Scanlan（1801-1876）繪於1841年。

Leger Stakes）等，全部都是人數眾多的賽事活動。如果將人們對於體育賽事的投注額作為對一項運動的態度指標的話，賽馬絕對是鶴立雞群，遠超其他運動項目。事實上，相比板球或足球，賽馬是唯一有全英國發行報紙的運動。

1.1 純種馬的誕生

隨著賽馬在英國成為一項全國性賽事，純種馬開始成為人們標榜和追逐的目標，並逐漸發展為英國賽馬的一個特色。英國純種馬（Thoroughbred）的誕生始於 17 世紀末與 18 世紀初，當時英國人引進多匹中東阿拉伯種（Arabian）的種公馬（Stallion）與英國當地的牝馬（Mare）進行配種，產下的馬駒被譽為是第一代純種馬。這些種公馬的佼佼者有三匹，分別是拜耶爾土耳其（Byerley Turk）、達利阿拉伯（Darley Arabian）與高多芬阿拉伯（Godolphin Arabian）。而目前世界上所有純種馬的直系父線血統都可以追溯到這三匹種公馬，因此他們也被稱做三大始祖（Three Foundation Sires）。

1.2 賽馬運動的精神

賽馬運動包含了公平競爭、運動技術、意志力和美學等多種正面價值，簡而言之，賽馬運動的根基是「體育精神」，也包含著重要的文化價值，例如，柏麗（Bailey）認為，賽馬能夠體現出英國性（Englishness）和愛國主義，即通過參與賽馬，貴族階層向公眾展示其守護英國傳統——運動面前人人平等的決心[1]。因此，第二世威爾頓伯爵伊格頓（Thomas Egerton , 2nd Earl of Wilton）在1868年寫道:賽馬是英國人性格與精神的反映，就有如同歌劇代表了法國人，鬥牛代表了西班牙人一樣。在賽馬會超過250年的管理和培育下，賽馬作為一項英國傳統運動的認知並無發生任何改變，反而越來越強。[2]

---

1   Peter Bailey, Leisure and Class in Victorian England: Rational Recreation and the Contest for Control, 1830-1885, (London: Routledge, 1978)

2   Rebecca Cassidy (ed.), The Cambridge Companion to Horseracing, (New York: Cambridge University Press, 2013), p.3

圖3：高多芬阿拉伯
（Godolphin Arabian），
阿拉伯馬，於1729年引
進。牠是現時約13.8%的
純種馬的始祖。

圖4：拜耶爾土耳其
（Byerly Turk），阿
拉伯馬，於1687年引
進，是三大始祖馬中
最早被引入的種馬。
牠是現時約3.3%的純
種馬的始祖。

圖5：達利阿拉伯
（Darley Arabian），
阿拉伯馬，於1704年
引進。牠是現時約
6.5%的純種馬的始
祖。

2 · 英國人對賽馬運動的感知

賽馬是一項特殊的社會活動，與貴族、王室、財富與奢華等文化符號有著獨特和緊密的聯繫。同時，賽馬活動的其中一項基礎是巨大的財富鴻溝，因此經常展現出精英主義與階級分野，此點是無可否認的。賽馬對於英國文化的影響體現在兩個方面，首先是對精英及上層社會文化的影響，其次是通過賽馬賭博而對工人階級文化的影響。

2.1 精英與上層階層：休閒及彰顯社會地位

自王朝復辟（The Restoration）（1660年5月8日逃亡海外多年的查理二世正式被承認為英國國王）以來至20世紀，英國上層社會的社交方式經歷了多種形式的轉變，而社交生活是上層社會生活的核心組成部分，也是構成上層社會階級認同的關鍵因素。[3]

最早利用印刷媒體廣告的是賽馬運動，從側面印證了賽馬的文化重要性。印刷媒體的廣告效應，也反過來促進了賽馬在18世紀系統化和商業化的轉變，使其成為最早的全國性、商業性運動。在普及性和商業化程度方面，賽馬為其他休閒娛樂活動，例如鬥雞，以及隨後的板球，都樹立了榜樣。

倫敦俱樂部（Club）是上流社會男性成員社交、消遣的重要場所。這種俱樂部源自於17和18世紀的咖啡館，會員在這些場所進行政治、社會、國家、國際資訊和八卦話題的交換。富勒（Fuller）認為，在18世紀，賭博是俱樂部的主要甚至是唯一的活

3　Johann Sommerville, University of Wisconsin, https://faculty.history.wisc.edu/sommerville/361/361-30.htm

動[4]。在18世紀和19世紀早期，賭博在上流社會的普及性非常之高，也因此孕育了各種各樣的休閒性賭博活動。上流社會的賭博參與者對於賭博形式的包容度亦很高，並不對特定的賭博活動顯示出特別偏好或排斥。18世紀早期的「南海泡沫事件」（South Sea Bubble）被視為當時的社會廣泛存在著賭博狂熱情緒[5]。直到1845年「賭博法案」（Gambling Act）頒令禁止賽馬場以外所有賭博活動以前，賭博都是一種合法的冒險性經濟活動。

賭博是一種結合了社交、運動和娛樂的活動。拳擊（Boxing）和鬥雞

圖6：19世紀（約1876-77）英國報紙上有關賽馬的專題報導

圖7：《鬥雞場》，路蘭臣（Thomas Rowlandson，1757-1827）繪於1808年。

4　Peter Fuller, "Introduction", in Jon Halliday and Peter Fuller (eds.), The Psychology of Gambling,(London: Allen Lane, 1974)

5　南海泡沫事件（South Sea Bubble）是英國在1720年春天到秋天之間發生的經濟泡沫，事件起因源於南海公司在誇大業務前景及進行舞弊的情況下，促使南海公司股票大受追捧，在短短半年內升近十倍，全民瘋狂炒股，並引致市場上出現不少「泡沫公司」混水摸魚，最終國會為規管這些不法公司的出現，在該年6月通過《泡沫法令》，炒股熱潮隨之減退，並連帶觸發南海公司股價急挫，不少人血本無歸。

（Cockfight）曾是受紳士階層歡迎的賭博活動。紳士階層認為，賭博活動有助於促進階層關係的融洽，參與這些活動不是僅僅依靠運氣，更需要大量運用理性判斷和邏輯思維能力。在鬥雞活動中，鬥雞的培育更需要嚴格遵守「血統法則」，這在一定程度上隱喻了上層社會血統繼承的合法性。然而，維多利亞時代（Victorian Era）早期對於攝政時代（Regency Era）奢侈之風的遏制，以及在「禮儀改革」（Reformation of Manners）大潮的衝擊下，鬥雞等較為殘忍和野蠻的賭博形式日漸式微，與此同時，更具私密性和合法性的新賭博形式變得更具吸引力。

在19世紀中期，英國發生了轟動性的賽馬醜聞[6]，因此本廷克勳爵（Lord George Bentinck）在擔任賽馬會主席的1830-1840年代，極力嘗試提

圖8：本廷克勳爵（Lord George Bentinck，1802-1848），英國政治家，熱愛賽馬，任賽馬會主席期間推行賽馬改革。

升賽馬的規則和操守。雖然賽馬有王室和貴族的庇護，然而在普通公眾眼中，由於賽馬與賭博的聯繫，它仍然是一種不道德的活動。但在上流社會，由於賽馬的規則變得更加清晰和規範化，因此它仍是一種重要的休閒娛樂活動。

麥康森（Malcolmson）指出，在18世紀，賽馬是英國紳士階層最喜愛的休閒活動[7]。雖然，狩獵和射擊曾一度引起紳士階層的

6　1844年，在著名的葉森打吡大賽（Epsom Derby）上發生了一場被譽為賽馬史上最轟動之醜聞──韁繩醜聞（Runing Rein Scandal），牽涉到代跑、虛假申報馬匹年齡、不誠實交易及造馬。

7　Robert W. Malcolmson, Popular Recreation in English Society 1700-1850, (Cambridge: Cambridge University Press, 1973)

巨大興趣，但仍有大量的貴族紳士鐘情於賽馬，特別是賽馬活動已經成為重要的社交平台。1844年，英國上議院博彩專責委員會宣稱：舉辦賽馬活動是值得推行的，因為這符合我們長期建立起來的民族品味（National　Taste），使整個社會以及來自不同地方的人群，因一項共同愛好而凝聚起來，也有助於促進社會不同階層的融和。

布林（Plumb）認為，賽馬日益受歡迎，主要原因在於18世紀英國中產階級（Middle　Class）開始崛起壯大，雖然這個階層負擔不起養馬的高昂費用，但對於賽馬卻有極強的迷戀與

圖9：18世紀的英國紳士喜愛以賽馬打賭，路蘭臣（Thomas Rowlandson，1757-1827）1799年繪製。

熱情。參與賽馬成為一種跨越社會階層的共同愛好，一項有助於不同階層融和、融洽的活動。不像其他具有明顯賭博色彩的田徑運動，賽馬將不同社會階層融為一體[8]。肯寧漢（Cunningham）與柏麗（Bailey）均指出，賽馬有助於促進階級關係和諧。[9]

賽馬對於紳士階層的生活具有獨特的作用，是英國紳士階層家庭社交活動中的常備項目。這從家庭傳記的記述中便可見一斑，例如華威郡查爾科特的露絲家族（Lucy　of　Charlecote），威廉‧露絲（Sir William de Lucy）於1722年時所記述：「在紅酒上花費巨大，在賽馬上的花費更大」。

然而，高昂的養馬費用令一般公眾難以直接參與賽馬活

8　J.H. Plumb, The Commercialisation of Leisure in Eighteenth Century England, (Reading: University Press, 1973)

9　Hugh Cunningham, Leisure in the Industrial Revolution C.1780-C.1880, New York: St. Martin's Press, 1980;Peter Bailey, Leisure and Class in Victorian England: Rational Recreation and the Contest for Control, 1830-1885, (London: Routledge, 1978)

動，這也成為上流社會維持身份認同的一種方式。例如，在1830年代，約三分一的馬主屬於貴族。六十年之後，雖然新富階層迅速崛起，貴族在馬主群體中的比重仍達八分一。因此，柏麗（Bailey）堅持認為，賽馬在19世紀英國仍是一種貴族生活方式。范普魯（Vamplew）指出，由於賽馬與貴族馬主之間的緊密關係，令社會上形成一種認知，即成為馬主是一種社會地位和財富的象徵，是上流社會的身份標誌。而成為地區賽事的贊助人不僅能夠彰顯社會地位，也是上流社會人士一項主動承擔的社會責任[10]。

19世紀後半葉，英國賽馬活動發展至成熟階段。貴族與賽馬之

圖10：威爾斯親王（Prince of Wales）與羅富齊勳爵（4th Baron Rothschild）

間的緊密關係，令新富階層相信，參與賽馬是獲得上流社會認可和接納的重要途徑之一。范普魯解釋道，這種信念促使那些成功的工商界人士自19世紀後期開始積極參與賽馬。對這些人而言，擁有馬匹是成功躋身上流社會的標誌。20世紀以來，威爾斯親王（Prince of Wales）與羅富齊勳爵（4th Baron Rothschild）等銀行家通過賽馬建立起來的友誼，更強化了這種認知和信念，將晉身賽馬會視為社會地位提升的重要體現。因此，從歷史上來看，賽馬是精英、上層階級社交和精英文化的重要組成部分。

上流社會對於賽馬的普遍興趣，有助於這個階層共同文化、身份認同的建構與強化。朗歷（Longrigg）甚至認為，對於賽馬

10　Wrary Vamplew, The Turf: A Social and Economic History of Horse-racing, (London: Allen Lane, 1976)

的共同興趣有助於彌補精英階層內部的分裂。擁有賽馬仍是屬於上流社會的特色，馬主這一身份既可以令這些人體驗到專屬的尊貴，也是幫助他們展示社會地位的窗口。賽馬提供了一個極為特殊和重要的社交平台，令上流社會人士互相模仿，最終凝固成為精英文化[11]。

　　傳統上層階層人士的主要休閒活動是狩獵、射擊、賽馬。隨著工業資產階級的崛起，除了購置大量的田產物業之外，富有的企業主也開始模仿傳統紳士階層的休閒方式。自19世紀末期開始，賽馬已經具有了濃厚的城市色彩，因此賽馬順理成章成為傳統貴族、地主、紳士階層、新富階層以及希望晉身上流社會的人士的共同休閒方式。

　　換句話說，賽馬為英國上流社會提供一種身份標籤，令其成員可以進行自我識別，以及加強彼此之間的認同和接納。簡而言之，對於上流社會而言，賽馬的主要價值在於提供身份認同、社交環境以及精英文化，相對而言賭博只是一種副產品。

圖11：19世紀中打吡賽前的情景。人頭湧湧，更像一個嘉年華。

2.2 工人階層的參與：賭博為主

　　賽馬是最早擁有大規模群眾參與的運動項目之一，也是最早僱用專業運動員的運動之一。賽馬曾是，至今仍是一項能吸引

11　Roger Longrigg, The English Squire and His Sport,（London: Michael Joseph, 1977）

所有社會階層參與的運動項目，既包括上層階級的馬主，中產階級、練馬師，也包括投注站內的工人階層常客[12]。在十八世紀，賽馬是一項免費的社交活動，是地區社區活動的重頭戲。

　　1840年之前，賽馬是一項免費活動，觀眾無需付費便可自由入場觀看。除非觀眾希望在高處看台──當然，並非總是有這樣一個看台──欣賞賽事，否則是不需要付費的。因免費之故，參與賽馬活動的人數非常龐大，導致比賽的頻率不高，只能是一項年度或半年度的盛事。而在上等階層專屬的新市場馬場（Newmarket Racecourse）

圖 12：1750 年賽馬會於新市場成立。路蘭臣
（Thomas Rowlandson，1757-1827）繪畫。

，賽事的舉辦頻率則高得多。對於這些觀眾稀少的賽馬活動，例如新市場，賭博可能是這項運動的收入支撐，但其他地方的賽馬活動則是與當地的一些節日慶祝活動緊密聯繫在一起的：巡遊、遊戲攤位、啤酒攤位、鬥雞、拳擊、拗手瓜、晚宴等娛樂活動都可以令當地人充實地渡過愉快的一天。在1830年代，很多賽馬活動僅是持續一天的年度賽事，更像一種社交活動而非經濟活動。例如，在1823年，95場賽事中87場是僅持續一天的年度賽事。在1848年，137場賽事中有120場是持續一天的年度賽事。

　　早期賽馬的賽事委員會一般是由當地知名人士或其提名人擔任，亦並無嘗試向觀眾收取入場費，因他們認為自己肩負著照顧社區的責任。賽馬已成為當地節日慶典中不可分割的一部

12　Wrary Vamplew, The Turf: A Social and Economic History of Horse-racing,（London: Allen Lane, 1976）

分。1750年，一群熱愛賽馬的紳士在倫敦新市場咖啡室成立賽馬會（Jockey Club），時至今日已超過250年歷史。英國賽馬會採用會員制，新會員入會時需要老會員多數贊成。會員非富則貴，入會標準主要是考量對賽馬的貢獻，所以自然也沒有會費，因為這是一件「極其榮光的事」。會員每年會見面五到六次，賽馬會還為在新市場沒有府邸的會員準備房間。賽馬會不僅為上流社會的會員提供了展示榮譽和身份

圖 13：菲爾比（Michael Filby）研究英國賽馬的博士論文

的機會，另一方面也對英國賽馬事業走向專業化、規範化、普及化、商業化發揮了無可替代的重要作用。

賽馬最初是貴族階層為自身創造的娛樂活動，但是隨著賽馬會的建立以及公眾參與的興趣日趨高漲，賽馬的專屬性開始下降，並逐漸接受公眾以投注的方式參與進來。由於蒸汽火車技術的出現以及軌道網絡的拓展，使得

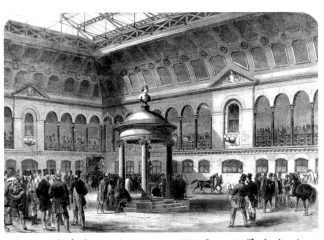

圖14：塔特索斯（Tattersalls）是世上最古老的純種馬拍賣機構，位於英國新市場旁，1766 年已創立，早已享譽全球，連英女王亦曾是這裡的客戶。

遠距離參與賽馬活動的可能性大大增加，賽馬的群眾基礎出現急速擴張。到了十九世紀末葉，大多數賽馬活動已經成為高度商業化的活動，要求觀看者付費入場，而隨著鐵路網絡的延伸，參與者開始突破地理局限，能夠從遙遠地方趕來參與賽事。

在1880年代至1930年代中期，工人階級參與賽馬投注的趨勢穩步增長。這一趨勢不僅與工人階級數量的增長、經濟逐漸富裕有關，也同參與賽馬投注的途徑日益開放和便利有極大關係。

實際上，在1844年英國上議院賭博專責委員會在討論賽馬投注問題時，社會公眾對於賽馬投注幾乎毫無所知。上流社會可

圖 15：阿徹(Fred Archer,1857-1886)

以在塔特索斯（Tattersalls）等場所進行投注，但是對普羅大眾而言，並沒有類似的機構可以接受投注。但隨後，英國國會通過法案，允許設立投注站，因此促成場外投注站的增長熱潮。根據范普魯的估算，在1850年代早期，倫敦的場外投注站已經達到100-150個，而倫敦之外其他地區的投注站則多到難以估計。[13]

投注合法化，以及對投注和賽馬的正式規管，不僅沒有遏制工人階級參與賽馬投注，更釋放了潛藏在民間的巨大熱情。有關賽馬印刷廣告的迅速普及，也是賽馬在民間擴展的一大推動因素。

英國賽馬最初是一項地區性的社交盛事。這意味著，賽馬為

13　Wrary Vamplew, The Turf: A Social and Economic History of Horse-racing,（London: Allen Lane, 1976）

工人階級提供了一個恆常的社交和休閒娛樂機會。但是工人階級
和一般草根階層與賽馬活動之間的關係最主要還是通過賭博、投
注而建立聯繫。雖然工人階級大規模參與賽馬賭博，但工人階級
的經濟狀況並無因參與賭博而受到衝擊。事實上，雖然有人贏有
人輸，但賽馬已經成為工人階級生活和文化當中理所當然且不可
或缺的一部分，工人階級的日常用語，以及社交圈子都深受賽馬
的影響。根據菲爾比（Filby）的估計，工人階級參與賽馬投注具
有極高的熱情，工人會將所有的錢拿來投注，直到經濟上不許可[14]
。對於工人階層和普羅大眾而言，賽馬與賭博的關係是主調，與
社會地位、社交平台的關係則是次要考慮因素。參與賽馬賭博，
是19世紀中期英國工人階級生活方式的特徵。

　　當然，除了給參與者提供賭博機會外，英國人對賽馬也普遍
存在一種真實的熱愛與興趣。正如范普魯指出，當傳奇騎師阿徹
（Fred Archer，被譽為賽馬史上最偉大的騎師）在1886年逝世時，
民眾的哀傷是前所未見的，恐怕僅次於對於維多利亞女王逝世的
哀傷。這些普遍存在的民間情感，為賽馬活動增添了濃厚的文化
色彩。

　　英國人對賽馬的熱愛體現在很多英國文學作品當中。19世紀
的英國首相兼小說家迪斯雷利（Benjamin Disraeli）在《年輕的公
爵》（"The Young Duke"）中創造了「黑馬」（Dark Horse）一
詞。書中敍述了在一次賽馬比賽中本來被看好的兩匹馬先後被淘
汰，一匹無人問津的黑馬卻率先沖過了終點線，奪得了冠軍。從
此「黑馬」便使用來比喻非常有潛力的競爭者或候選人。在文學作
品中，比如「職業生涯」（Career）一詞，在19世紀之前的含義是「
賽馬」。英國有句諺語：「英國紳士最重要的事物有三：妻子、
情婦和賭注登記簿」。這些都體現出馬在英國文化中的重要地
位。

14　Michael Paul Filby, A Sociology of Horse-racing In Britain: A Study of the Social
　　Significance and Organization of British Horse-racing, PhD Dissertation, Univer-
　　sity of Warrick, December 1983

3 · 賽馬與賭博

柏麗（Bailey）認為，賭博是英國工人階級自19世紀早期已經形成的一項傳統[15]。戴爾維斯（Delves）在研究當時英國工人階級參與打吡賽馬的動機時便發現，賭博是一個重要的內在驅動力量[16]。工人階級最初參與賭博的場所在酒吧，後來轉移至街道。街道既是工人階級的謀生之所，也是他們進行社交娛樂，階級、文化孕育和形成之地。隨著街道上的場外投注站越來越多，工人階級參與賽馬的便利性也越來越高，直接促進了賽馬投注活動的擴展與維持。

至於賽馬是否一項不道德的運動，「騎師」（Jockey）一詞在英文中具有欺騙的含義亦非巧合。根據牛津高階英漢雙解詞典（2010年第八版），"Jockey"作動詞用時，有「耍各種手腕獲取，運用手段謀取」之意。賽馬與賭博之間存在一種共生關係：通過賭博賺錢致富的可能性令很多人參與賽馬，賽馬反過來為廣大不直接參與比賽的人士提供了一個博彩市場。

一般而言，賭博與賽馬投注之間存在差別。相比於一般賭博活動，賽馬投注不需連續不斷地下注，對經驗判斷的依賴程度更加高，有更多元的投注策略以及更長的派彩間隔。賽馬賽事並非天天上演，因此有興趣的人士也只能夠在賽事舉行期間進行投注。每場賽事之間具有較長的等待時間，也有助於投注者思考投注策略以及決定是否繼續。此外，雖然賽馬投注同樣是一項高風險的賭博活動，但是相比起其他賭博形式，經驗和知識在一定程

---

15 Peter Bailey, Leisure and Class in Victorian England: Rational Recreation and the Contest for Control, 1830-1885,（London: Routledge, 1978）.

16 A. Delves, "Popular Recreation and Social Conflict in Derby, 1800-1850", in Eileen Yeo and Stephen Yeo (eds.), Popular Culture and Class Conflict 1590-1914: Exploration in the History of Labour and Leisure,（Brighton: Harvester, 1981）

度上可以降低風險和不確定性。因此可以說，賽馬投注為投注者
的觀察、認知、社交技巧和知識提供了一個驗證的機會。

　　在一個充滿競爭的城市社會，成功對於廣大工人階級而言是
稀缺品，但是賽馬投注提供了一種發家致富的另類途徑。賽馬也
為工人個體提供了暫時逃避現實生活束縛的機會。由於工人階級
相對缺乏組織和社團資源，賽馬投注的特色符合他們的生活方式
和休閒傳統，因此極具吸引力。由於賽馬活動涉及到許多觀察、
分析和理性計算，因此，賽馬成為一種「隱藏」得較好的賭博活
動。德弗羅（Devereux）進一步指出，對英國普羅大眾而言，賽
馬是一種文化上可接受的賭博形式[17]。

　　參與賽馬投
注活動，需要對馬
匹及周圍環境的各
項指標進行分析、
判斷和推理，這對
於普通工人階層而
言，都是在個人日
常生活中幾乎用不
到的能力。而賽馬
投注正好提供這樣
一個機會，讓工人
階級能夠發揮和運

圖16：19世紀時候的賭馬業者(Bookmaker)

用它們。一旦成功贏得獎金，工人可從中獲得莫大的成功感與自
我肯定。即所謂，贏者印證自己伯樂之才，輸者權當貢獻社會慈善
福利，憑添幾分休閒樂趣。

　　由於工人階級日常生活忙碌，並無太多機會參與社會活動，
也無法接觸和感受精英文化，而賽馬可以提供一種特殊的場景，
讓工人也能夠親自參與，感受精英文化。透過賽馬投注，工人能
夠直接接觸和感受到勇氣、正直、誠實、鎮定、體育精神等價

17　Edward C. Devereux, "Gambling in Psychological and Sociological Perspective", in David L. Sills (ed.), International Encyclopedia of the Social Sciences, （New York: Macmillan and Free Press, 1968）.

值，增強工人階級的社會歸屬感，以及對自我身份的認同和安全感。因此，雖然對工人階級而言，賽馬的主要目的是賭博，但同時具有提高工人階級的社會參與度和體驗文化的功能[18]。

　　雖然工人階級成為馬主的可能性不大，但賽馬活動也的確為他們提供了一種令人喜愛的休閒方式。例如，18世紀末期的賽馬活動一般是一年一次，是英國本地社區的一椿重要慶典，大眾藉著參與賽馬活動而暫時擺脫日常事務的煩惱。在當時，賭馬是一種可以被容忍，

圖 17：賽馬賭博在 19 世紀已十分流行。W.L.Sheppard 繪。

但絕非受鼓勵的活動。到19世紀初期，賽馬已經成為英國節日活動的核心環節。倫敦的市民樂於去到一個遠離家庭、工作場所的地方去享受這種休閒娛樂活動，而賽馬除了本身的娛樂性外，還提供了參與賭博、觀賞當地風土人情、品嚐美食佳釀的機會。

　　由於鐵路網絡的擴展，賽馬由本地活動轉變為全國性的活動。交通之便利不僅令一般群眾更加方便於參與更大範圍的賽事，也方便了參賽馬匹的運輸過程。因此，參賽馬匹可以更加方便地運輸於全國各地，提升了賽事的競爭性和觀賞水平。

　　雖然人們總是把賽馬和賭博聯想在一起，但賽馬同時提供了一種在文化上可被接納的賭博活動。賽馬與參與賭博的動機非常緊密地聯繫在一起，但是在參與一項廣受喜愛和尊重的體育運動

18 Otto Newman, Gambling: Hazard and Reward,（London: Athlone Press, 1972）

掩蓋之下，賭博行為能夠得到更好的隱藏[19]。

　　工人階級對賽馬的興趣以及賭博傳統本身所具有的極強生命力，時至今日仍然十分旺盛。工人階級文化中存在著賭博的傳統，賽馬不僅是這種傳統的實現途徑，也是擺脫日常生活、工作煩惱的世外桃源。

圖18：威廉・弗利斯（William Powell Frith，1819-1909）的油畫作品《打吡大賽日》（"The Derby Day"），繪於1856年至1858年，以Robert Howlett拍攝的照片為藍本創作，呈現英國各地男女到葉森馬場（Epson Downs Racecourse）觀看賽馬的情景，是維多利亞時期英國上層階級（貴族）、中產階級（紳士）、下層階級（工人）能共同參與賽馬活動的寫照。

19　Edward C. Devereux, Gambling and the Social Structure: A Sociological Study of Lotteries and Horse-racing in Contemporary America, PhD dissertation, Harvard University, 1949, p.258.

4 · 英國王室的參與

賽馬與英國文化的其他象徵符號緊密相連，其中以與王室的密切關係最為明顯。賽馬已成為英國民族的象徵體系中一個重要組成部分，是國家價值、「英國人」屬性的具體體現，也是英國文化中尊崇動物的一種呈現。賽馬也可被視為英國文化中一個獨具特色的次文化。

圖19：英王查理二世（Charles II，1630-1685）

賽馬傳統上被視為「國王的運動」，它不單止是一項足球出現之前最受歡迎的大眾運動，更得到英國王室的贊助和參與[20]。英國這個具有深厚的賽馬文化的國度，其王室毋庸置疑就是賽馬的贊助者和頒獎者，其中詹姆士一世（James I）、查理二世（Charles II）、威廉四世（William IV）、安妮女王（Queen Anne）、伊利沙伯二世（Queen Elizabeth II）、第十二世打吡伯爵（12th Earl of Derby），以及其他顯赫貴族，對賽馬的熱情支持和參與更對英國賽馬發展起了奠定性的作用。

20　Jeffrey Richards, "General Editor＇s Foreword", in Mike Huggins, Horseracing and the British 1919-1939,（Manchester: University of Manchester Press, 2003）

4.1 英國賽馬的總部：新市場馬場的建立

英國修福郡（Suffolk）的新市場（Newmarket）素有「賽馬之鄉」的美譽，然而該地最初被稱為新市場荒野（Newmarket Heath）。1605 年 2 月，英王詹姆士一世（James I）首次到訪此地，發現此地十分適合騎馬，便修了宮殿住下來發展馬業。當地馬業的發展使其土地免受農業開墾，更避過了兩次世界大戰征地

圖20：19世紀初的新市場馬場（Newmarket Racecourse），James Pollard（1792–1867）繪。

和修路的威脅。相反，鐵路隧道一直建到新市場的地底，公路一直蓋到新市場的旁邊。

在1665年，查理二世（Charles II）創立了新市場城鎮碟賽（Newmarket Town Plate）。他的馬匹更在1671年獲得冠軍，是唯一一位在任英國君主贏得該賽事。碟賽至今仍每年在新市場舉行，是世界上現存的最古老的賽事，獎品除了銀盤以外還包括當地特產：新市場馬場特製香腸一盒。

除了比賽以外，查理二世對英國賽馬的貢獻還有賽場的建設。新市場有兩個賽道——七月賽道（July Course）和羅利賽道（Rowley Mile Course），都為查理二世倡建。新市場賽場原本只有一個七月賽道，後來查理二世發現每年夏天看比賽時陽光太耀眼，因此便在不遠處建了另外一個看臺朝向相反方向的賽道。

　　在1665年，查理二世又仟命尼科爾斯（Richard Nicolls）為紐約省首任殖民地總督（Governor of New York），後者在紐約建立了美洲第一條賽道，名稱亦是新市場馬場。賽場原址在紐約州長島上，距離舉行美國三冠賽之一——貝蒙錦標（Belmont Stakes）的賽場貝蒙公園（Belmont Park）只有幾英里遠。

　　18世紀末，英國新市場賽馬活動的長度已延伸至三個月，成為每年賽馬的焦點所在。博爾頓公爵、坎伯蘭公爵、德文希爾公爵、格拉夫頓公爵、諾森伯蘭公爵、昆斯伯里公爵，以及阿賓頓爵士、克萊蒙爵士、依格里蒙爵士、格勞斯維諾爵士等賽馬會成員對於賽馬的大力支持，不僅令賽馬活動的普及速度加快，也令賽馬會的權勢和影響力與日俱增。一些貴族，例如拉特蘭公爵，為了能夠更方便地參與賽事，甚至在新市場馬場就近購買物業。

　　得到貴族的支持和庇護，養馬和賽馬成為英國一項新興產業，一些人更開始全職從事與賽馬相關的行業。早在1800年，菲茨威廉子爵（7th Viscount FitzWilliam）每年花在賽馬及養馬上費用就達到4,500英鎊，二十年之後，本廷克勳爵每年用於賽馬和賭馬的費用更達到30,000英鎊。

　　據說，第十四世打吡伯爵（14th Earl of Derby）曾對時任首相

圖21：位於英國沙福郡的新市場馬場（Newmarket Racecourse）

迪斯雷利不停講述賽馬的事情，令對方無聊到流淚。作為賽馬會的成員，打吡伯爵曾表示「任何事情都不能阻止我對平地賽馬的熱情，也不會錯過任何一場重要賽事」[21]。

英國新市場馬場的七月賽道還保持著一項重要記錄：它是唯一一個能在兩次世界大戰（1914-1918，1939-1945）中照常賽馬的馬場。由於羅利賽道（新市場的另一條賽道）戰時被英國王家空軍徵用，而英國其他賽場都在開戰後停業，這也使得在此期間所有的英國經典賽都在七月賽道舉行。

時至今天，新市場馬場已經是全世界最大型的純種馬育馬場、訓練基地、交易平台和賽馬中心，是名副其實的現代賽馬總部。

4.2 王室盛會：雅士谷馬場與王家的關係

至於幾匹馬同時上場的比賽，則是安妮女王（Queen Anne）在位期間開始的。英國著名的雅士谷馬場（Ascot Racecourse）

圖22：19世紀初的雅士谷馬場（Ascot Racecourse），James Pollard（1792–1867）繪於 1818 年。

便是由安妮女王在1711年開辦的。喜歡賽馬的女王在離溫莎城堡不遠的地區舉行賽馬，第一屆首場賽事是女王殿下錦標（Her Majesty's Plate），賽程總長度是4哩（約6.4公里）。此後，英國王室成員按照女王留下來的傳統，幾百年來每年都必定參加該賽事，這也是賽馬活動取名為「皇家雅士谷」（Royal Ascot）的主要原因。女王的馬匹也會參賽，當騎師騎著女王專用的馬匹比賽，被認為是極榮耀的事情。

圖 23：現年已經 93 歲的英女王，從 1947 年第一次去看皇家雅士谷之後，70多年來的時間幾乎從未缺席。每一次出場，女王都盛裝打扮，成為英國乃至全球時尚的焦點。猜測女王的著裝顏色，也成了英國博彩公司熱門的項目。

由於英國皇家雅士谷賽馬歷來有王室參與的背景，所以在著裝上一直有嚴格的要求。於是，賽場外觀眾的著裝已經演變成一種著裝文化，更成為這項賽事的一個亮點。紳士淑女們盛裝出席，還有眼花繚亂的帽子、飾物都成了雅士谷的象徵。直至今天，英女王每年都會出席皇家雅士谷，並且每年都會以一身醒目的著裝亮相，而英國人甚至為女王每年出席時所戴帽子的顏色下注。

雖然英王威廉四世（William IV）本人對賽馬並無太大熱情，覺得「雅士谷賽馬無聊到死」，但他亦認同賽馬的社會價值：「我認為這是一項全國性運動，是屬於自由人民的一項富有男子氣概的尊貴運動，我為能夠促進這些消遣活動而深感自豪，與這個自由國家的習慣和感情緊密相聯⋯⋯我將用盡我的權力，永遠保

護和促進這些我們正在享受的自由與運動，在此過程中，從最高階層到最低階層的每一個階層人民的福利和快樂都不會被忽視。」

　　時至今天，皇家雅士谷（Royal　Ascot）已是英國夏季最重要的社交盛事，每年吸引觀賽者超過30萬人，是全球最具影響力的賽馬賽事之一。

圖24：2015年夏天的皇家雅士谷，英女王一如既往地參加開幕儀式中的王家遊行。

5．英國殖民地擴展與文化輸出的關係

　　隨著英國殖民地擴張的步伐，以及國際貿易格局的擴展，賽馬和英語一樣在世界範圍內，尤其是在英國的前殖民地國家和地區紮根發芽。伴隨殖民地擴張，英國將賽馬帶到各大洲的新領地，以期在開拓英國貿易機會和市場的同時，也將英國文化向全球輸出。例如，英軍在佔領香港後不久，1842年即開始舉辦賽馬活動。1862年英國人在橫濱舉辦了日本第一場現代賽馬。前英國殖民地新加坡至今仍有興旺的賽馬產業。

　　如今，與馬相關的不再是戰爭與交通，而是文化與運動。除了英國、法國之外，目前，世界上開展賽馬運動較好的國家和地區還有美國、德國、義大利、澳大利亞、日本、香港和澳門。

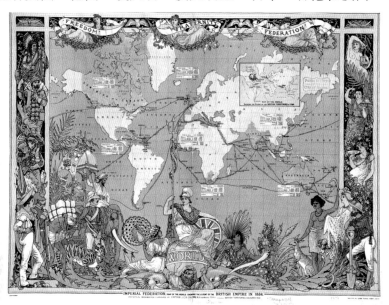

圖25：1886年大英帝國（British Empire）的版圖，以紅色標記。英國賽馬隨著殖民地之擴張帶到全世界（包括地圖上沒標示，獨立戰爭後為美利堅合眾國其下的北美洲各地）。

第二章

香港賽馬事業的
肇始與發展

1 · 引　言

　　香港的賽馬事業經歷了一個多世紀的發展，現今已成為一個舉世矚目，規模完善，集博彩、體育文化和慈善事業的綜合體。其肇始是前英國殖民地官員和軍事人員對英國傳統賽馬的熱愛，故將其引入香港。開始時，參與人數寥寥可數，隨著歲月推移和管理的逐步精進，到今天，賽馬運動由少數權貴階級獨有的貴族玩意，逐漸變成為一項全民投入的大眾運動。

　　可以說，賽馬已經成為了香港人生活的一部分。通常一周會有兩日「本地比賽日」，逢比賽日，馬場人潮湧動，熱鬧非凡，場內場外許多人握著一支筆，興

圖26：早期位於黃泥涌的跑馬地馬場，攝於 1865 年。

致勃勃、全神貫注地研究著手中的那份「馬經」；而場外的街頭巷尾也是氣氛濃厚，馬會投注站裡，人們聚精會神地盯著電視熒幕，情緒隨著賽況波動而手舞足蹈；茶餐廳裡的電視機亦紛紛鎖定在現場直播的跑馬賽事，餐廳裡客人的聲量也跟著賽況此起彼伏……賽馬為這裡的人們提供了一種休閒方式，給百姓平淡的生活增添了一絲趣味。不僅如此，賽馬會每年更通過大量捐贈，支持和發展香港的慈善和公益事業，為提高香港市民的生活質素不斷添磚加瓦。

　　現今如日中天的香港賽馬事業，也是經歷了一段漫長的成長歷史。從1846年香港首次有記載的跑馬賽事在快活谷馬場（Happy Valley　Racecourse）（現稱跑馬地馬場）舉辦，到1884年香港賽馬會的成立帶動香港賽馬走入新紀元，一個多世紀來，曾經荒涼的黃泥涌沼澤變成了現在世界一流的全草地馬場，其後經填海造陸而誕生的沙田馬場，日新月異的博彩種類與形式，賽馬會每年堅持不懈的慈善公益捐助……每一個腳印都深深踏進歷史的泥土裡，開枝散葉，開花結果。

　　本章內容，即是翻閱和闡釋香港賽馬的歷史。一百多年來，香港經歷了英國殖民統治、日本佔領時期、重新進入英國殖民統治、到中華人民共和國對香港恢復行使主權。因為賽馬的特殊性和重要性，它的歷史不僅僅在於賽馬本身，更跟隨著種種歷史背景，和香港這一座面積雖小，卻有著厚重、複雜積澱的城市一起乘著歷史的波濤，跌宕起伏。如是，通過歷史，我們不僅可研究賽馬是如何一步步發展起來，也可以探討是怎樣的特殊歷史土壤孕育了賽馬在香港的發展，英式賽馬這舶來品在東方社會與文化土壤上碰撞出哪一些火花，而它又對這一方土地有著如何的特別地位和影響。

圖27：1842年，清廷代表欽差大臣耆英、伊里布和大英帝國的代表砵甸乍在英軍旗艦汗華麗號上正式簽訂《南京條約》。自此，香港進入英殖時期。

2·肇始時期：1841-1939

十八世紀初葉，英國對華大量出售鴉片。隨後清政府多次下令查禁鴉片貿易。清道光皇帝於1840年宣布永遠終止與英國的貿易；同年，英國對華發起戰爭，這就是「第一次鴉片戰爭」。清政府在這次戰爭中戰敗。1841年1月26日上午8時15分，英國海軍於港島水坑口（今香港上環水坑口街一帶）升起了英國國旗，這天，香港島（英佔後稱為「維多利亞島」）成為了英國佔領的又一殖民地。

當時，英國的殖民地遍佈全球，被形象地稱為「日不落帝國」。英國殖民者不僅把英國的政治管治手段、理念帶入各殖民地，更把自己的文化也播撒於廣闊的各殖民地中。其中，英國人熱衷的運動，如板球、足

圖28：馬踏飛燕，又名銅奔馬，東漢青銅器，現藏甘肅省博物館。

球、曲棍球、高爾夫、跑馬等，也於殖民地普及開來，並在當地成立了這些運動的俱樂部、協會等。剛開始時，它們大部分僅吸納英國移民作為會員，極少數會接受華人入會，因此中國人、印度人、葡萄牙人等也有組織屬於自己群體的運動俱樂部。

其中，在香港得以保存乃至發展壯大的運動則非賽馬莫屬。這或許多少與中國人悠久的用馬歷史有關。在與馬的相處過程當

中，中國人發明了許多馬匹用具，例如馬刺、馬鞍等，使人能更好地與馬匹磨合、合作。因此，中國對馬匹是熟悉的，馬也成為中華文化的一部分。一件在甘肅雷台漢墓出土的外形俊美，被命名為「馬踏飛燕」的青銅藝術品，一隻飛奔的駿馬一足踏在飛翔中的燕子上，形象地表現出馬匹的速度，同時表現馬匹在東方文化中的重要位置。唐太宗陵墓的「昭陵六駿」，更充分體現馬在中國受到極其尊重的地位。此與西方文化不謀而合。

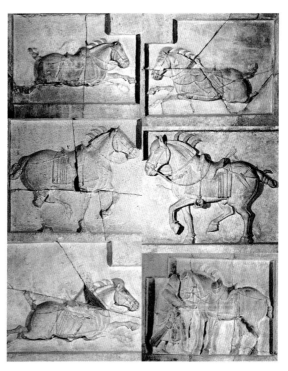

圖29：昭陵六駿，是指出自唐太宗陵墓的六塊駿馬青石浮雕石刻，相傳為李世民在建立唐朝時騎過的六匹戰馬。

近代的賽馬運動起源於英國，英國人將「賽馬」包裝並推廣成一種具有貴族色彩的社交休閒運動，但其實中國在早於英國之前就已經開始豐富多彩的馬術運動。例如在唐朝長安城含元殿遺址中，曾出土過球場的石碑和「打馬球圖」的壁畫。唐朝盛行的馬球、馬技運動足以證明中國的馬術歷史悠久，起碼已有1300多年了[22]。

史學界認為，馬鐙（Stirrup）乃中國人之發明，加上高橋馬鞍，使得人能夠更自如地上下馬匹，並能坐得更穩妥更扎實。這

些發明傳到歐洲，促進了歐洲騎士的誕生和發展，從而推進了歐洲歷史的進程。正如坦普爾（Robert K. G. Temple）所述：「如果沒有從中國引進馬鐙，使騎手能安然地坐在馬上，中世紀的騎士就不可能身披閃閃盔甲，救出那些處於絕境中的少女，歐洲就不會有騎士時代。」[23]可見，在漫漫歷史長河中，中國就用智慧的結晶與遙遠的歐洲進行著互動，而馬匹在這中西互動裡就像精靈使者一般，拉動著歷史車輪滾滾向前。

圖30：馬鐙

歷史上的馬匹作為坐騎穿梭於交通線路上，亦在硝煙戰場上奉獻忠誠，但到了近代，與馬相關的活動演變成了文化和賽事。1174年，倫敦馬市上首次出現較正式的賽馬活動。13世紀，歐洲大陸颳起了賽馬熱的旋風。再到後來，隨著歐洲貿易和殖民地的擴張，這項運動也在世界各地開枝散葉。

澳門的賽馬歷史早於香港。1773年，東印度公司在澳門設立分公司。即使在時間、地域條件都十分受限的情況下，這些熱衷賽馬的英國人還是不放棄任何一絲賽馬的機會。東印度公司資本雄厚，擁有著從亞洲各地選來的良駒。不久，他們在澳門的黑沙海灘建立了英國人在中國的第一個馬場，一個三面被小山丘環繞、一面臨海的橢圓形平地，長3.25英里的跑道，並在1798年至1799年間舉辦了第一次跑馬賽事[24]。《廣東紀事報》（Canton Register）在1829年曾

23　羅伯特.K.G.坦普爾（Robert K. G. Temple）著，陳養正、陳小慧 譯，《中國：發明與發現的國度——中國科學技術史精華》，（南昌：21世紀出版社，1995）

24　Austin Coates, China Races,（Oxford：Oxford University Press, 1983），P4-5

報道澳門的賽馬賽事，稱這些比賽「提供了充分的理性娛樂」，「為當地社會及各類人士提供了滿足與享受。」

　　在快活谷馬場之前，英國官員們便想到利用澳門作為週末賽馬之地，所以在1842年至1844年年間，駐港的英國人都是在澳門舉辦賽馬，值得一提的是當時的賽馬是完全的體育競技，沒有設立投注站。香港本地首次賽馬，由一群賽馬愛好者於1844年12月薄扶林的一個小型馬場舉行，當時的快活谷馬場（亦稱為跑馬地馬場）並未正式開始投入使用，到1846年12月才進行了首次啟用後的第一場比賽，但當時都是業餘選手之間的較量。

　　快活谷賽馬場投入使用後，賽馬運動就在香港扎根並開枝散葉。1890年起，開始有投注站供馬迷們賭馬博彩。早期的香港賽馬，沒有條件培養自己本土的育馬產業，多數馬匹都經由中國運來香港，品種為蒙古馬，這種馬體型較為矮小。雖然當時的快活谷馬場地勢不算十分平坦，彎道又較窄，但對於蒙古小馬來說也還算適

圖31：1864年快活谷馬場的賽事情景。Marciano António Baptista 繪。

應。當時很多馬主就是騎師，也有很多軍人、商人騎師，他們因為工作性質很容易調離香港，所以比賽基本上都是業餘賽事。而比賽服裝也沒什麼規矩講究。

當時最早的賽事之一「全權代表盃」（Plenipotentiary's Cup），即港督盃（Governor's Cup）之前身，都會由港督頒獎給獲勝者，回歸後改名為「特首盃」延續傳統。此處有個小插曲，1847年，當時的馬主和商人們聯合發起行動抵制聲譽不良的時任港督戴維斯（Sir John Francis Davis）頒獎，最終沒有一匹馬參加該次盃賽。除「全權代表盃」之外，許多在港的外國群

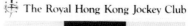

圖 32：港督盃（Governor's Cup），香港回歸後以「香港特區行政長官盃」取代。

體，如美國人、德國人、葡萄牙人、猶太人、阿拉伯人，乃至印度拜火教徒等，也會和同鄉同種族之人聚在一起舉辦賽事，例如美國人的「花旗盃」，猶太人的「希伯來盃」等，口碑最佳的當屬比利時人舉辦的盃賽。

實際上，賽馬在香港的普及也帶著殖民者「統戰」之目的。英國畢竟「山高皇帝遠」，而賽馬這一娛樂項目，能向殖民地子民傳播大不列顛王國的文化及價值觀，從而凝聚人心。這也許是當時港英殖民地政府推動賽馬的主要目的之一。

2.1 跑馬地馬場

香港地形多低山丘陵，平原面積小。跑馬這項運動恰恰需要平原才能得以展開。這些困難並沒有難倒熱衷賽馬的英國人。很快，這群愛好者在香港島灣仔區的中南部覓到一幅可供賽馬之用的

平原。這塊地方本身是一片沼澤，被稱為「黃泥涌谷」，19世紀40年代初，英軍曾在該地設立軍營。不料環境潮濕，疾病肆虐，許多士兵染病而亡被葬，形成諸多墳地。之後軍營遷出，但仍有村民居住此地，他們種植的稻田就在這塊平原的中心。後來，有熱愛跑馬之士發現這塊土地平坦，適宜跑馬運動，故以防止該地村民遭受疾病隱患為由，勸說時任港督戴維斯爵士（Sir John Francis Davis）將當時居住於該地的村民遷出。雖然戴維斯並沒

圖33：跑馬地馬場，攝於1870年。

有完全相信這塊土地是疾病之源，卻也還是批准了相關工程的進行。有記載稱，戴維斯此舉是為了迎合英國商人，因為這項運動是他們尤為喜愛的。當局很快便設立專職委員會，通過諮詢工作後給予了被遷居人士相應的賠償金。接著通過一系列清理排污等工程，所有工程持續了18個月，終於在1846年12月竣工，並將馬場命名為「快活谷」（Happy Valley）。

　　快活谷馬場正對面就是一片陰沉的墳地，又由於建設時排污工作的疏忽，下雨天常常泥沙橫流，看台的上蓋只用簡易的木質材料棚搭建，存在安全隱患。但這些都絲毫不減香港當年各方人士對跑馬的熱情，這「快活谷」名副其實，每逢比賽日熱鬧非凡，幾乎所有人都會到馬場觀看賽事，可謂是萬人空巷。當時入場的人除了步行，主要坐著馬車和人力黃包車赴馬場觀賽。通往馬場的一路上人潮湧動。

　　1858年5月15日《倫敦新聞畫報》（The Illustrated London

News）刊登了該報特派中國的畫家記者發回有關香港賽馬之報道，我們從這篇報道中，可以重溫當日快活谷馬場的之場景：

上午11點，我們來到了位於快活谷的跑馬場，這是一個風景秀麗的地方，跟維多利亞城約有1.5英里的距離，過去曾經是當地人死後葬身的墳場，那些墓地都位於形成這個山谷的青山腳下，它們大致可以分成三個部份：新教徒的陵園、羅馬天主教徒的陵園、印度教徒的陵園。這些陵園的對面就是跑馬場的看台和馬廄。寬闊的平地上擠滿了各個民族和各種膚色的人──英國人、美國人、法國人、馬來人、東印度人、馬尼拉的印度人、水兵、海軍陸戰隊隊員和中國人。……賽馬從下午開始進行，所有的觀眾都看得如醉如癡。中國人就像英國人一樣激動，爭先恐後地下注賭馬。

去跑馬場的路上跟英國的打吡郡形成了強烈的對比，如果說這兒的馬車沒有打吡郡多的話，那轎子的數

圖34：畫家筆下的看台上的觀眾，Charles Wirgman（1832-1891）繪。

量肯定是英國沒法比的。天朝的女子成群結隊地出來，她們的穿戴整潔而講究品味。……大家的舉止都很安分守己。……賽馬一共要持續三天，但第三天特別值得提一下，因為那天有一場中國人用當地的馬進行的比賽。起跑時共有十三匹馬，但有四五個騎手在剛起步的時候就摔了下來，看台上的哄笑聲簡直令人無法形容。然而摔下來的騎手顯示了很大的勇氣，他們站起身後便咧著嘴笑，就像什麼事情也沒發生過似的。……賽程圓滿結束之後，整個香港的人都上館子慶祝，到處洋溢著喜慶的氣氛。[25]

英國《泰晤士報》（The Times）特派駐華通訊員庫克，曾經記述香港賽馬的盛況：

　　如果要看良好的舊花樣的賽馬，其中沒有橫衝直撞、勒馬牽韁，而且每一匹馬都是為著競賽取勝而出馬

圖 35：來自天朝的騎師，Charles Wirgman（1832-1891）繪。

25　沈弘編譯，《遺失在西方的中國史——〈倫敦新聞畫報〉記錄的晚清1842-1873（中）》，（北京：北京時代華文書局，2014）

圖36：去跑馬場的路上，Charles Wirgman（1832-1891）繪。

的，恐怕只有到香港來才可以看得到了。

　　當我們第一次看見快活谷裡的賽馬場，幾乎忍不住地嚷著，這是整個世界上景色最豐富多彩的地方。司令台、看台、馬廐、草坪和一切設備，加上那難以忘懷的午餐和香檳，所有一切都是第一流的。快活谷和維多利亞城之間相距一英里半的馬路上，在賽馬日那天，擠滿了車輛、騎師和行人。

熱鬧的情景於此可見一斑。

2.2 馬場大火（1918）

　　很快，賽馬在香港廣受追捧，風靡全城，快活谷馬場成了人們休閒娛樂的最佳去處。然而，就在馬場投入使用的第52年，即1918年，發生了一場大火慘劇。當日正值香港賽馬週年大賽第二日，又逢元宵佳節翌日，共計4500多人入場。人們興高采烈地觀看賽事，但由於看台不勝負荷以致倒塌，剛好看台下方有些小吃

圖37：於快活谷
馬場舉行的賽馬
賽事，攝於1908
年。

圖38：1918年2月
26日，馬場大火。

熟食檔擺放的煮食爐，遇上木質材料搭建的看台棚便熊熊燃燒了
起來。當即，一片歡聲笑語瞬間變為哭叫哀嚎。這場慘劇中共計
614人喪生。四年後，「戊午馬棚遇難中西士女公墓」落成，並建
立「馬棚先難友紀念碑」以紀念逝者。該火災事故發生後，馬會
董事局立即展開研究快活谷馬場的安全問題和負荷量。第一次世
界大戰後，於1931年跑馬地馬場首兩座三層高的永久看台落成。
之後，看台分別再於1957年、1969年擴建。不僅如此，跑道亦增設
排水設備，跑道周圍內鋪植了草皮，還可作為高爾夫球場。[26]

2.3 香港賽馬會的成立

香港有賽馬場和比賽40年之後，才有自己的賽馬會。當時賽

---

26 張連興，《香港二十八總督》，（北京：朝華出版社，2007）

馬運動在港發展甚好，博彩行業極需規範化，建立賽馬會是規範和促進賽馬事業發展的當務之急。1884年11月4日，賽馬委員會於香港大會堂召開會議，組織討論賽馬會成立事宜。香港賽馬會於這一天誕生。菲尼亞斯·賴里（Phineas Ryrie）出任香港賽馬會首任主席。

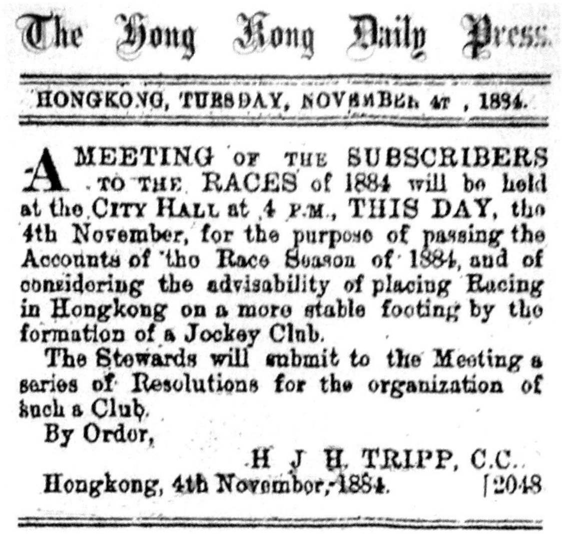

The Hong Kong Daily Press.

HONGKONG, TUESDAY, NOVEMBER 4TH, 1884.

A MEETING OF THE SUBSCRIBERS TO THE RACES of 1884 will be held at the CITY HALL at 4 P.M., THIS DAY, the 4th November, for the purpose of passing the Accounts of the Race Season of 1884, and of considering the advisability of placing Racing in Hongkong on a more stable footing by the formation of a Jockey Club.

The Stewards will submit to the Meeting a series of Resolutions for the organization of such a Club.

By Order,

H J H. TRIPP, C.C.

Hongkong, 4th November, 1884. [2048

圖39：《香港日報-孖剌西報》1884年11月4日的報道，公佈組織香港賽馬會成立的會議將於當日下午四時於香港大會堂舉行。

自賽馬會成立起，能成為賽馬會會員就成了一種身份和地位的象徵。但是在初期，本地華人卻被拒諸門外。於是，華人便在1920年組織了一個屬於華人自己的賽馬會，在粉嶺開設了一個馬場。直到1925年，香港呼應全國各地鼓吹的工人反外國侵略勢力的運動，發起了著名的「省港大罷工」事件，事件中，香港各工會向港英政府要求保證華人的各項權利不受侵害。事件撼動了英國人在香港的管治。也許正是因為此次事件的反響，於1927年，在港督金文泰指示下，香港賽馬會首次允許華人入會，但僅僅是象徵性地吸收兩名中國人作為會員，這兩名華人會員叫何甘棠和容顯龍，是當時香港著名的買辦[27]。到如今，香港賽馬會已經有兩萬多名會員。1960年，「香港賽馬會」得英女王批准改名為「英皇御准香港賽馬會」（The Royal Hong Kong Jockey Club）」，此名稱一直沿用，直至1997年回歸時，為

27 同上

去殖民色彩，改回「香港賽馬會」。

　　賽馬會成立後，1915年就開始陸陸續續對社會公益有所捐贈。在上世紀五十年代起，面對戰後重建、移民湧入等問題，賽馬會感於社會責任和回饋社會的用心，於1955年正式宣佈計劃將會把每年賽事收益之盈餘撥款捐贈予香港的公益事業。1959年，馬會設立專責管理捐款事務的「香港賽馬會（慈善）有限公司」。1993年成立香港賽馬會慈善信託基金，接管馬會的捐款事宜。香港賽馬會慈善信託基金是全球最大慈善機構之一。馬會每年將約百分之九十的淨額盈餘撥入慈善信託基金，多年來於社區發展、福利事業擔當重要角色[28]。賽馬會的捐款惠及人們生活的方方面面，包括藝術文化、資助教育、人才培訓、醫療衛生、扶貧救濟、環境保護、長者服務及青年發展等等。人們走在街頭，常常會看見以香港賽馬會冠名贊助的建築物、學校、文藝節目、活動展覽，可以說賽馬會對社會大眾的貢獻，已經融入了每個人的生活裡。

28　<香港賽馬會慈善信託基金概覽>，取自香港賽馬會網站：http://charities. hkjc.com/charities/chinese/charities-trust/index.aspx ，訪問時間：2017年3月1日

3・日治時期：1941-1945

1937年，日本發動全面侵華戰爭。1941年12月，日軍渡過深圳河，將戰火延燒至香港，不久便衝破英軍的「醉酒灣防線」，從此勢如破竹，英軍節節敗退。

1941年12月25日，香港總督楊慕琦投降，日本人在香港的佔領管治時期拉開序幕，至1945年8月15日日本無條件投降為止。這三年零八個月期間，香港市民從英國人手中又顛沛流離到了日本人的管治之下，實乃陷入更加水深火熱的境地。

日本人表面上大肆宣傳要打造所謂「大東亞共榮圈」，當時派任香港的日本總督磯谷廉介（Rensuke Isogai）聲稱，將會和華人「同心協力，完成大東亞戰爭，一洗香港從前舊態」。然而

圖40：1941年12月28日，日軍登陸香港，在香港島舉行入城儀式。此後，香港進入「三年零八個月」日佔時期。

實際上卻是麻醉民心，拉攏精英附庸，同時以憲兵隊、軍票等特殊管治手段，達到嚴控社會的目的。市民飽受欺壓，苦不堪言。日本當局為粉飾太平，經常舉辦各種慶典活動，要求華人商業團體、機構贊助和策劃慶典，又要求其屬下團體參加，並大量印刷宣傳單張和僱用宣講員宣傳。

　　恢復賽馬運動是日本當局粉飾太平的重要手段之一。賽馬除了是一項競技之外，與之掛鉤的博彩業亦是衡量社會繁榮的準則之一，意寓歌舞昇平、社會穩定之意。故此，日治政府成立以後，在1942年4月，日本人將早前英國人設立的王家賽馬會改名為「香港競馬會」，並將原先的快活谷馬場改名為「青葉峽」

圖41：日佔時期，快活谷馬場看台仍然熱鬧。

馬場，並開始舉行賽馬。香港競馬會由華人股商出任董事局成員，以此反映日人治港是以「共榮」為主調。據Hong Kong News於1942年4月26日的報道，香港競馬會董事局主席為何甘棠，行政總裁為梁鼎岳[29]。

　　日佔後的香港第一次賽馬在1942年4月25日舉行，在馬季內每隔約兩星期舉行一次，通常都是選在星期六舉行。每次安排約十一場賽事左右[30]。入場費方面，會員席收費2元軍票，公眾席收50錢軍票。包廂費為50元與100元兩種，之後漲價為100元與200元。會員制則依舊沿襲英國時期的會員制，按年度收會費。1943年新

29　周家建，《濁世消磨──日治時期香港人的休閒生活》，（香港：中華書局，2015），頁 76

30　關禮雄，《日佔時期的香港》，（香港：三聯書店，2015），頁 207

會員會費是22元50錢，舊會員收取12元50錢。成為會員後有機會成為馬主，每月養馬的消費約為1000元軍票。

期間，日治政府相繼從日本進口日本馬來港，當時的競賽馬匹主要有中國馬，少許日本馬和澳洲馬，因此常常分馬匹品種作賽。從1944年一場比賽賽況來看，路程總共1600米的賽事，中國馬冠軍獎金為600元，澳洲馬為1000至1200元，而日本馬比賽的冠軍為2000元。

博彩方面，在場內投注買獨贏或位置馬票，每張2元50錢。除了與賽事掛鉤的博彩活動，競馬會還發行被稱為「馬票」的彩票，競馬會以攪珠方式分配馬匹的號碼，若購得勝出馬匹所配的號碼即為中獎。

日佔時期的賽馬，人氣還算足，觀眾也都還算熱鬧。只因日治政府嚴於管控，禁了跳舞等娛樂活動，而社會物資又缺乏，民眾只好借賽馬消遣，並也能靠博彩「發一發夢」。至後期，隨著日軍在戰場上的節節敗退，而馬匹又有諸多傷病退役，加上糧草短缺等問題，能夠出賽的馬匹數量逐漸萎縮，至此，不僅賽事場次減少，每次出賽的馬匹僅5匹左右。因而日治時期的香港賽馬，到了後期竟有以木馬代替活馬的比賽！這些木馬長約2尺，分別標上了號碼並用鐵線串起，等到號令一發便沿著鐵線向下掉，先到終點之木馬為勝。這樣的奇事，更反映日治時期為撐起繁榮之假象而冒充富態之愚蠢。

4‧蓬勃時期：戰後-1997

　　1945年日本戰敗投降，香港又回到了英國人管治的狀態，競馬會改回了原名，一切回復舊觀。戰後的賽馬事業發展迅速，巨大成就有二，一是沙田馬場的興建和啟用，二是賽馬職業化的推進。這兩項革新為如火如荼的賽馬事業添磚加瓦，奠定下堅實基礎。

4.1 沙田馬場的興建與落成（1978）

　　香港現時共有兩個馬場，一個是港島的跑馬地馬場，另一個是新界的沙田馬場。每逢比賽日，兩個馬場皆座無虛席，熱鬧非

圖42：1962年跑馬地馬場的賽事

凡。這兩個馬場各具特色，各有亮點，並且相得益彰，為香港市民觀賞賽馬、享受博彩提供了方便、全面、高質素的服務和設施場所。

　　說起沙田馬場，它是在香港第一個馬場興建100多年後，也就是20世紀70年代末孕育而生，如今也走過了40個年頭。現在，我們就來一起探尋沙田馬場建設的初衷及過程，以此回味香港賽馬事業的發展路程。

　　20世紀60年代，進入香港100餘年的賽馬競技及博彩項目深受大眾喜愛，跑馬地馬場成為民眾最青睞的休閒娛樂去處。當時唯一的跑馬地馬場，總面積約45英畝，設計容納人數為3萬人左右，面對日益興盛和風靡的賽馬活動，常感到承載力不足。同時，賽馬會亦有提及，本想以大型馬匹取代現今的小馬參加競技，以提高賽事質素，惟因跑馬地馬場地勢不夠平坦而只好作罷。1964年，英皇御准香港賽馬會成立了一個專責委員會，研究應對此問題。該委員會經過研究，提出了許多對跑馬地馬場的容量擴展措施，同時也建議興建第二個馬場也許是解決容量問題的良方。

　　1965年6月29日，當時的英皇御准香港賽馬會致函港英政府政務司，稱馬會考慮在跑馬地開展一系列擴容工程，但恐這些工程僅能應付幾年時間，若在新界覓地建設香港的第二個馬場，或能長遠解決跑馬地馬場不堪重負的問題。適值港英政府在沙田進行填海造地計劃以興建一容納50萬人口的新市鎮，因此，在該函件中，馬會向政府申請是否可以在沙田覓得150英畝的填海土地以興建第二個馬場。

　　值得一提的是，賽馬會在選擇沙田之前，新界政務司曾建議選址深圳灣、壆圍附近，還建議過大嶼山等地，但皆因為距離市鎮較遠，交通不便的原因被馬會推卻。賽馬會毫不遲疑地選擇了沙田，是因為看見了當時沙田新市鎮計劃的良好前景，特別是沙田地區的交通情況──鐵路將建為雙線鐵路，而隧道和馬路工程也在進行中。

　　行政會議在1967年8月15日召開會議，討論馬會興建第二個馬場之申請後，建議成立一個專責委員會，除了研究跑馬地馬場

的擴建工程之外，更主要的是研究於新界建設第二個馬場的可行性。這個專責委員會的成員包括政務司副司長、土地測量督察、新界政務司司長、財務司副司長、運輸署署長、工務局局長以及王家賽馬會副主席。該委員會提供了以下研究結論：

（a）最佳選址為沙田，可在該地填海120英畝興建馬場；

（b）興建馬場及其中足量的設施，預算為1.25億港幣，共需約4年半到5年時間竣工；

（c）馬會應自行負責此項工程的支出。考慮到此項支出之龐大，馬會或可於8年或更長的時段內，每年減少約1200萬供於公共福利設施的捐贈款項；

（d）對將要興建的馬場的配套交通發展工程，預算將共花費4300萬港元，其中4100萬用於馬路改善工程，200萬用於新建鐵路站點。此項開支將由政府負責。[31]

該委員會總結了興建第二個馬場的利弊。好處是，新的馬場將為社會及公眾提供休閒娛樂設施，於新建馬場中央將開闢55英畝作為公眾休閒區域，同時預計新的馬場將為賽馬會帶來豐厚收入，以致賽馬會對公共慈善和福利事業的捐贈將翻幾番。但是，缺點之處在於政府將面臨預計4000多萬，用於交通配套發展項目的開支；除此，因面臨減少賽馬會所預計，8年內每年1200萬，合共約近1億的捐助款項，將不敷資助或推遲一些福利工程項目的建設，或會招來社會批評。所以，委員會提出建議：在新界興建新馬場之事宜，現階段恐怕暫時不妥。

其後，1968年7月23日，在行政會建議下，港督宣佈賽馬會在新界興建第二個馬場的申請暫時不予批准。

1970年6月23日，行政會再次召開會議討論相關事宜。政府的顧慮依舊圍繞著交通、資金、會否阻礙沙田新市鎮的發展以及加重新界發展的承載力，會上還提及關於賭博條例的問題等。惟新的賽馬場將會提供的好處依舊是被肯定的，包括為公眾提供休閒娛樂，馬會的潛在收益將更多裨益公共福利事業。但是，會議依

---

31 MEMORANDUM FOR EXECUTIVE COUNCIL RACE COURCES, For Discussion on 23rd July 1968, XCR(68)196，香港歷史檔案館，館藏文件

圖43：早期的場外投注站（天星碼頭外）

舊對存在的問題十分慎重。

　　新的馬場建設之申請經歷一波三折，試想，如果賽馬會當年就這樣放棄了，那如今的賽馬事業將依然蓬勃和豐富如斯嗎？市民們能像今天這樣盡情地享受賽馬以及博彩娛樂帶來的休閒樂趣嗎？而賽馬會的慈善捐助事業能達到今日這般高度嗎？答案八成是否定的，因為建設第二個馬場，是順應了來自社會大眾的需求，是順應了香港賽馬事業的發展趨勢，也許就是歷史的必然吧。政府的慎重，反映了這項運動的風靡度、貢獻力，乃至其重要的社會認受性。

　　直到1971年10月，行政會議備忘錄上記載賽馬會在經申請否決後，提交了新的一份報告，繼續提請重審該申請，並且作出了幾點讓步的承諾：

　　（a）現有的快活谷（跑馬地）馬場，面對日益增長的公眾熱情顯得十分不足，若如今趨勢發展下去，該馬場很快將無力負荷。擴建工程亦將無力長久應付；

　　（b）對於新馬場選址的所有填海造陸費用，馬會會自行承

擔，一共150英畝，包括場地中間用於其他用途的30英畝地域；

（c）為減少因沙田馬場建設時期慈善捐助的損失，亦為應對賭博條例的修訂，馬會承諾，直到新馬場建成並開始盈利，將跑馬地馬場每年博彩營業額的5%捐出作為建設稅。[32]

馬會的這些承諾，特別是最後一點，受到了歡迎，亦可以說成為了扭轉形勢的關鍵條件之一。與會人士還補充道，與賽馬運動結合的博彩，是公眾十分喜聞樂見的休閒娛樂活動，而又是唯一合法的賭博行為，同時這個活動能帶來巨大經濟效益，經賽馬會投入的慈善事業，裨益社會。興建新的馬場，能讓這個好處更加放大，何樂而不為？

基於賽馬會的報告，政府的相關部門被要求重新審議交通運輸方面的預算支出。經過運輸署、工務局等的重新細緻審核，結

圖44：1973年沙田的填海工程是香港史上其中一項最大型單一填海工程，佔地達250英畝（約100公頃），其中150英畝（約60公頃）是馬場範圍。

32　MEMORANDUM FOR EXECUTIVE COUNCIL PROPOSED SECOND RACE COURCE AT SHATIN, For Discussion on 19th October 1971, XCR(71)219，香港歷史檔案館，館藏文件

果與之前大不同　　馬路興建項目預計支出從原本估計的4100萬，銳減至1860萬，而鐵路相關支出約為210萬[33]。上述費用的預算銳減，亦成為減輕政府顧慮的條件之一。

最後，政務司於1971年10月22日宣佈，對英皇御准香港賽馬會興建沙田馬場的申請予以原則上的批准。但考慮到對建築業的影響，並顧及配套交通設施建設所需工時，提出新建馬場不能早於1975年完工。

新建馬場最終選址於沙田馬料水堆填區，位於沙田海西北岸。1973年展開收地行動，對受影響之人士進行相應的賠償和補貼，例如對當時共44270平方呎受影響的私人農地，每平方呎給予2.2港幣的賠償，另外還有對當季農作物收成賠償，以及對地主或佃戶每平方呎10港幣的騷擾津貼和優惠補償。

值得一提的是，當時劃定區域內居住著許多新界原居民，港英政府亦充分尊重其傳統及權益。例如，在新界政務司的報告中提到，「收地計劃將影響到一些村的『風水』，例如九肚和馬料水，以及村內宗廟和祠堂搬遷的『薑符』儀式。還有11個寺廟需要拆除。故此，這些村落的『風水』相關祭典事宜估計需11萬港幣。」[34]除此之外，對於原居民墳墓及骨灰龕的搬遷亦有相應賠償預算。

4.2 挽狂瀾於既倒：彭福將軍領導下的賽馬事業中興期

沙田馬場的中間區域開闢了一個公園，名為「彭福公園」。此「彭福」即是英皇御准香港賽馬會首任總經理，彭福將軍（Major-General Robert Bernard Penfold）。他由1972年上任，至1979年12月榮休。7年任期內，他以卓越的能力和遠見，為香港賽馬事業鑄就了許多里程碑式的功勳，為今天香港賽馬事業的蓬勃發展打下了堅實的基礎。

33　同上

34　Resumption of land for the Sha Tin Race Course Borrow Area at Ma Niu Sha Tin New Territories,From D.C.N.T To Colonial Secretary, (11) in NT 9/998/65 (RES)，香港歷史檔案館，館藏資料

彭福畢業於桑德赫斯特王家軍事學院（Royal Military Academy Sandhurst），本為英國陸軍統領，曾於英國、印度、伊拉克、肯亞等國家服役，還參加過第二次世界大戰。1972年退役後，即應英皇御准香港賽馬會之邀來港擔任賽馬會首任總經理。彭福將軍到港履新，正值香港賽馬事業的一個至關重要的時間點。首先，沙田馬場的興建剛剛獲得政府批准通過，新馬場的興建工程和籌劃工作十分艱巨。其次，1971年，英皇御准香港賽馬會提出香港的賽馬事業需走向職業化，並引入了職業騎師制度以取代以往的業餘制。所以，次年1月上任的彭福將軍需要在任內將職業化的改革進程全面推進。

圖45：彭福少將（Major-General Robert Bernard Penfold，1916-2015）

更為重要的是，在彭福將軍上任前兩年，也就是1969年至1970年間，香港發生了轟動全城的「毒馬案」，騎師彭利來連同馬伕、騎馬人等五名與馬會有關人士，先後向至少六匹賽駒餵食砒霜以影響馬匹競賽表現。此案一出，賽馬會的聲譽和香港賽馬的公平、公正性受到了嚴重損害，成為一個極大的污點。而此案的發生，也是香港賽馬會邀請經驗豐富、雷厲風行的彭福將軍擔任總經理一職的主要因素。故此，彭福將軍也肩負重振香港馬會聲譽之重任。因為賽馬事業的發展的主要關鍵是建基於公眾包括馬迷對賽事的公平、公正性，若賽事結果的公正性受到大眾質疑，即所謂公正性的質疑(Lack of or Breach of Public Trust)，則賽馬事業的發展將受到絕對的打擊和衰退。彭福將軍的委任可

算是臨危受命。

　　1971年10月，英皇御准香港賽馬會開始引進外地職業騎師，1972年彭福將軍上任後，開設了見習騎師訓練班以培養本地職業騎師。除了職業人才的引進和培養，更需要一系列改革措施以完善制度，提升效率。新官上任三把火，短短幾年內，彭福將軍推動的各項改革將賽馬更加系統化及規範化。例如，將賽事獎金重新分配，以「高班馬」獎金多於「低班馬」、「長途賽」獎金高於「短途賽」為原則；新馬初出時須以年齡分組，同齡馬匹分別同場作賽，而混合賽的時候，再由相對高齡馬匹向低於其齡之馬匹「讓磅」，使賽事安排和規則變得更加規範；其次，為杜絕毒馬事件的可能，彭福下令實施更加嚴格的賽前馬匹檢驗措施，又於1973年初制定嚴格的馬匹服食藥物規管條例：向練馬師發出警告，表示馬匹餵食違禁藥物前，須得馬會獸醫的書面許可，若檢出馬匹未經許可情況下被餵食違禁藥物，練馬師需負全責。而馬匹出賽後至「過磅」訊號發出前的一段時間，不可餵食

圖46：1971年3月22日的新聞報道，「毒馬案」開審。騎師彭利來等人，向馬匹餵食砒霜以影響賽果，是香港賽馬史上最轟動一時的事件之一。

馬匹任何食物。在此後，毒馬事件漸次消絕。

此外，在賭馬博彩方面也作出了不少革新措施。特別是「三重彩」、「四重彩」問世，受到了馬迷們的歡迎。四重彩規則為：下注買中賽事首四位勝出馬匹的人士，都可獲得派彩。1976年2月18日報章報道，賽馬日「四重彩」爆大冷，有市民以50元押注單式四重彩，彩金破紀錄逾330萬元。[35]四重彩推出後，賽馬會每週的收益持續增長，由剛開始推出時的每週8萬港元，一度躍升至360萬港元。[36]1975年，賽馬會代替政府經營「六合彩」獎券，打擊當時十分流行的非法賭博活動。

賭馬的日益流行，使得非法的外圍賭馬變得有市有價起來。為打擊外圍賭馬，1973年彭福向政府申請授權設立場外投注站，1974年4月便開啟了首六家投注站，使馬迷們不必親身去跑馬地馬場便可投注。同年，賽馬會又引入電話投注服務，市民只需50港元便可申請開戶，一時間開戶者上萬。1978年起，彭福下令未滿18歲人士不可進入投注站，以避免青少年參與賭博活動。

圖47：70 年代末至 80 年代位於沙田馬場的見習騎師宿舍

35　<1976 年四重彩爆大冷 馬會派彩破紀錄>，取自蘋果日報網站：http://hk.apple.nextmedia.com/realtime/news/20140218/52196832

36　David Hedges："Quartet Boom in Hong Kong"，The Sporting life, March 13, 1975

上文提到的四重彩以及場外投注站，為賽馬會提供了巨大收益增長，1973年，賽馬會在跑馬地馬場增設了照明設施，同年10月開啟夜間賽馬賽事，以此增加了比賽場次。這些使得收益大漲的措施，著實彌補了為建設新馬場而花銷的龐大開支。

英國女王伊利沙伯二世與菲臘親王於1975年訪問香港，此次是英國王室在位君主首次訪問香港。期間，他們在跑馬地馬場觀看了一場夜間賽事，

圖48：八十年代的場外投注彩票

圖49：英女王於1975年訪港時，親自為英女王伊利沙白二世盃頒獎。

圖50：港督麥理浩爵士為沙田新馬場落成剪彩揭幕

圖51：沙田馬場的賽馬賽事

女王還親自頒獎予「女王伊利沙伯二世盃」賽事的冠軍。

　　1978年10月7日，沙田馬場啟用。時任港督麥理浩爵士（Sir Crawford Murray MacLehose，1917-2000）忼儷為馬場落成揭幕。當天共有6場賽事，三屆馬王「祿怡」於當天勝出首項錦標賽「沙田盃」。

　　沙田馬場投入使用兩年後，彭福將軍才榮休。據當年一雜誌記載，單在1977年至1978年賽季，賭馬的營業額達45億港元，其中賽馬會分得4億港元，政府獲得稅收4億港元，剩餘約82%都以彩池獎金的方式分到了賭馬者手中。這也正是由於政府於當時對其他非法賭博之禁令催生的收益。1977-1978賽事年度的營業額，創下了1971-1972賽事年度以來的新高。[37]

　　沙田馬場建成後，彭福將中間部分設為公共公園，1979年9月17日，該公園被正式命名為「彭福公園」，這也正是賽馬會以及公眾對彭福將軍的貢獻和成就的肯定和感謝。用時任馬會主席韋彼得（P.G. Williams）在彭福榮休時的致辭來總結，再恰當不過了：

> 　　七年時間，香港的賽馬，從競技運動方面，到行政管理方面，都取得了巨大成績，彭福將軍在香港賽馬圈內享有盛譽！如果不是他出色的執行力、決心和夢想，我相信我們無法在這麼短時間內取得如斯成就。[38]

37　Bert W. Okuley's Report,The Asian Magazine,Page 4-6,Oct16,1977

38　"Jockey Club Honours Penfold Renamed Penfold Park", Hong Kong Standards, Sep18,1979

附表：跑馬地馬場與沙田馬場對比 （資料來源：香港賽馬會官方網站）

	跑馬地馬場	沙田馬場
啟用時間	1846 年	1978 年
所在地點	香港島灣仔區	新界沙田區
容量	約 55000 人	約 85000 人
跑道數量	現為一條草地跑道	共兩個（草地、泥地跑道）
跑道尺寸	**闊度**：30.5 米 **週長**：草地 1417 米 **直路長度**：310 米	**闊度**：草地全闊 30.5 米；泥地全闊為 25 米 **週長**：草地 1899 米（新彎內圈已停用）；泥地 1555 米 **直路長度**：430 米
設施亮點	*香港的第一個賽馬場，世界級馬場* 1、全球馬場最大的發光二極管（LED）顯示幕； 2、全草地跑道； 3、設有投注大堂以及餐飲娛樂設施 4、現主要承辦夜間賽事； 5、公眾看台二樓設有賽馬博物館。	*世界一流、亞洲頂級賽馬場* 1、全球唯一設有活動天幕的馬匹亮相圈； 2、全世界最闊的彩色大螢幕； 3、配有草地及泥地跑道； 4、設有投注大堂以及餐飲娛樂設施 5、經常舉辦大型賽事，包括浪琴表香港國際賽事、愛彼女皇盃、冠軍一哩賽及寶馬香港打吡大賽等； 6、馬場中央是彭福公園。

5・特區時代的香港賽馬事業：1997至今

　　1997年，香港主權回歸中國。作為社會主義國家的中國，會如何處理和應對在英國資本主義制度管治下歷經150年的香港呢？這成為回歸前的一個最大的疑問。重重迷霧乃至流言蜚語之下，鄧小平提出了「一國兩制」的構想。這個構想，對於中國這樣一個奉行單一制的國家來說，是一個創舉，也正是因為這個創舉，香港得以繼續保持原本的資本主義制度不變，而其間「馬照跑、舞照跳」之命題，成為「一國兩制」在香港實踐的完美縮影。

　　1997年9月6日，香港特別行政區成立後首個賽馬日，首任特首董建華主持開幕及作第一場賽事「特首盃」的頒獎嘉賓。2000

圖54：1997年6月30日午夜，中國收回香港主權。此後，香港進入特區時代。

年2月7日，是千禧年初二賀歲賽馬日，沙田日場的入場人數高達十萬人次，成為當時的歷年之最。

剛回歸的香港，不久就遭受亞洲金融風暴的摧殘，後又受到SARS的侵襲，賽馬業也隨之受到影響。1996至1997年度最高投注額約達920億港元，其後十年間跌幅巨大，2006年跌至600多億港元，跌幅達30%。賽馬事業在香港的百年歷程中，可以說與香港共同經歷興衰。如今，賽馬事業的蓬勃發展有目共睹，投注總額逐年攀升，2018 / 19年度投注總額達2427億港元，單是賽馬的投注額亦有1250億港元[39]。這個飛躍是巨大的。

2003年8月1日，香港賽馬會推出與足球賽事掛鈎的「足智彩」，成年人士可透過足智彩投注服務，投注海外各大足球賽事，例如英格蘭、德國、意大利及西班牙的球會賽事或聯賽，與及重要的國際盃賽及國際聯賽，如歐洲聯賽冠軍盃、歐洲足協盃、歐洲國家盃及世界盃等。首年推出便廣受支持，香港賽馬會的體育競技博彩又翻開了更加豐富的新篇章。

5.1 北京奧運與從化馬場的建立

2008年，第29屆奧運會由中國首都北京承辦，在馬術運動項目方面，北京由於場地和馬匹檢疫的問題，未能達到國際馬術協會的標準。此時香港挺身而出，願意在此項目予以協助。考慮到香港專業的賽馬運動、場地、檢疫水平等，最後北京方面決定將該屆奧運會及殘奧會的馬術比賽場地改於香港舉行。香港賽馬會為此斥資12億港幣用於打造奧運馬術比賽主賽場以及改造訓練場地，建造全新的「六星級」空調馬房。香港政府全免了馬術比賽場地的佔用費。在香港舉辦的北京奧運會馬術比賽，創下了人類歷史上，在亞熱帶海洋性夏季極端濕熱氣候條件環境中，成功舉行高級別馬術比賽，特別是高級別馬術三項賽越野賽比賽的先例。故此，北京奧組委給予香港賽馬會「北京2008年奧運會馬術比賽重要貢獻機構」之殊榮。此次成功的國際性重大比賽留下的

39　2018/19 年度業務總結，取自香港賽馬會網站

奧運遺產是可喜的，她使得香港賽馬會的國際地位有所提高，使賽馬會借機可以與世界同仁交流進步，更使全世界的人們都見證和認可了香港在賽馬方面取得的卓越成就。

圖55：2008年北京奧運於香港的馬術主賽場地

　　2018年，香港賽馬會從化馬場正式開幕，標誌著香港賽馬發展邁進新里程。從化馬場原稱從化馬匹訓練中心，為廣州市的一個馬場，在2010年曾作為亞洲運動會馬術比賽的舉行場地。而香港賽馬會於2009年便與從化市政府洽談，於亞洲運動會結束後，將馬術場地交由香港賽馬會管理。及後，香港賽馬會把從化馬術場地改建為馬匹訓練中心，藉此提升當時的訓練設施，不但解決了沙田馬場馬廄與馬匹訓練設施的空間限制，同時更讓馬會有機會全面翻新日益耗損的沙田馬場設施，將其重新提升至世界一流水平。從化馬場佔地150公頃，設有4條訓練跑道，多個供馬匹使用的放草場地、特別設計的馬匹游泳池、馬診所及釘甲工場設施等。而從化馬場更是內地目前唯一一個獲世界動物衛生組織（The World Organisation for Animal Health）認可的馬匹無役區（Equine Disease-free Zone）。

在2019年3月23日，香港賽馬會與廣州市從化區人民政府合作在從化馬場舉辦了一場純演示性的速度馬術比賽，是香港賽駒（即於香港本地賽事服役的馬匹）歷來首次在內地參與速度馬術比賽。對於內地而言，從化馬場作為國內首個達國際級標準的純種馬匹訓練中心和馬場，擁有國際認可的馬匹無役區，更是具備著支持大灣區未來發展世界級的馬匹產業的完善條件。

圖56：從化馬場鳥瞰圖

5.2 香港賽馬的人、馬與賽事

回歸後，香港賽馬賽事的質素不斷提升，創辦了不少世界頂級水平的賽事。自90年代起已陸續有獲得國際分級賽的資格。在2016年，香港被列入國際賽事編錄標準及國際賽事統計冊（俗稱「藍冊」）的第一部分賽馬地區，證明香港賽馬的國際地位得到廣泛認同。當時，香港賽馬會的行政總裁應家柏（Winfried Engelbrecht-Bresges）說到：

　　「香港這次獲得升格，是進一步肯定並且是實質證明我們的賽事屬世界級水平。對於全球育馬業而言，這亦是好消息，因為馬匹在香港國際賽事中所取得的成

績，都可在世界各地拍賣會目錄的馬匹血統資料頁中展示出來。多年來，全賴我們的馬主鼎力支持，將頂級馬匹引入香港，令我們的賽事質素達至今日的水平，我們才取得這項成就。」

除了現有的12場國際一級賽外，香港亦舉行7項國際二級賽及12項國際三級賽。現時一級賽的獎金介乎1,000萬港元至2,800萬港元，而二級賽及三級賽的獎金分別為425萬港元及325萬港元。

在賽駒方面，香港賽駒的數量由回歸初期的1000出頭，發展到2016年的1611匹[40]。騎師和馬匹的競賽素質逐年提高，舉例而言，單是香港賽駒躋身世界馬匹年終排名的數量來看，1998年僅

圖57：香港頂級賽馬賽事，包括12項國際一級賽。其中香港盃的獎金金額達2,800萬港元，是全球獎金最高的2000米草地一級賽。

40　該數據及下文相關數據，均來自香港賽馬會各年年報。

一匹良駒入選，而到2018年這個數字已經到了25匹，以上榜的馬匹數目相對於現役馬匹總數計算，香港的比率更是全球賽馬地區中最高。回歸初期的「原居民」、「靚蝦王」、「精英大師」，到今天的「步步友」、「威爾頓」、「將男」、「美麗傳承」等耳熟能詳的名駒已經走出國際，名聲赫赫。足以見得這20多年來，香港賽馬事業的發展。

HONG KONG HORSES
IN WORLD RANKINGS
香港賽駒躋身世界馬匹
年終排名

YEAR 年份	NUMBER OF HORSES 賽駒數目
2018	25
2017	22
2013	21
2008	13
2003	8
1998	1

圖58：位列世界馬匹年終排名榜的香港賽駒不斷增長。

　　在1977年前買馬只可以由馬會安排，只有高價馬5萬元、平價馬2.5萬元選擇，1979年之後才有自購馬，馬價亦開始越升越高，現在約500萬元一隻，30年漲價100倍。賽馬會更會每年舉辦香港國際馬匹拍賣會，方便馬主不需要親自到外地亦可以購買馬匹。全靠香港馬主投放資金在世界各地尋覓良駒，才能使香港的賽馬事業再創佳績，協助推動香港賽馬事業走向世界級的願景。

圖59與60：以上名駒中，不得不提的是回歸前的兩匹馬王「祿怡」（上圖）和「翠河」（下圖）。其中，「翠河」更是香港賽馬史上唯一的三冠馬王。兩匹名駒逝世後都被製成標本，安放在香港賽馬博物館，可見牠們地位之顯赫。從以上圖片可見，當年兩匹馬王競賽時的英姿，令人回味。

香港賽馬配售馬與自購馬制度的沿革

在二十世紀中葉之前，香港賽馬參賽的主要是一些蒙古小馬，而且無論是三、四或五歲的馬可以參加。戰後，開始從澳洲引入純種馬，並實施配售新馬制度（俗稱「搖珠馬」、「配售馬」）——每年由馬主入紙申請養馬資格，中了籤便可以養馬。但當時的馬匹全部由馬會購入，以統一的價格售予中籤人士。所以中籤取得養馬資格後，會有另一次抽籤，就是分配哪一匹馬屬於哪一位馬主。

七十年代中，香港賽馬進入職業時代，加入了高價馬制度。（高價一組為曾在外地（即英國）出賽的馬匹，「奪錦」、「大公爵」、「祿怡」，就是這類高價馬。高價馬有血統證書，售價二萬五千至五萬元；低價馬則無血統保證，身價劃一為一萬五千）1979年，開始准許進口自購馬（PP）。1989年，開始實施自購新馬（PPG）計劃。

可惜其後自購馬水準大幅提升，配售馬已追不上了，結果在九十年代終於取消。消失多年後一度於2008年復活，但因效果不彰而再遭取締。

在騎師方面，眾所周知，由於競爭激烈，在香港策騎的騎師以外籍騎師為主，一些好手例如韋達、莫雷拉、潘頓等已是耳熟能詳。2005年的時候，賽馬會實施本地騎師減磅新制度，讓華籍騎師有更多出賽的機會，而一些優秀的本地騎師不獲讓磅優惠亦能取得佳績，例如黎海榮、蔡明紹、梁家俊、何澤堯等等。現時，在60位騎師之中有12位為本地騎師。

在馬房和練馬師方面，現時香港現役練馬師有22位，競爭亦十分激烈，其中有不少練馬師皆為騎師出身。著名練馬師有約

圖61：2019年香港國際馬匹拍賣會，由香港賽馬會舉辦，被譽為香港經濟寒暑表。

翰摩亞、蔡約翰、簡炳墀（現已退休）等，本地練馬師為數亦不少，有12位之多。

其中，賽馬會於1972年所創辦的騎師學校亦培育了不少傑出的騎師，歷年來多位著名本地騎師都在該學校受訓，部分更成為練馬師——告東尼便是當中的傳奇代表人物。告東尼在13歲時便在公眾騎術學校習騎，14歲考取賽馬會舉辦的第一屆見習騎師訓

圖62：告東尼（圖左）與馬會主席周永健博士（圖右），攝於 2018 年5月港澳盃賽事。照片由Wallace Wan 先生提供。

練班（1972年），數年後正式上陣。在他的騎師生涯中，共奪得6次香港冠軍騎師榮銜（1978-79，1980-81，1981-82，1983-84，1985-86，1994-95）。其後，告東尼更轉為練馬師，至今奪得過2屆香港冠軍練馬師寶座（1999-2000，2004-2005）。可謂是香港賽馬歷史上最為傳奇的人物，而賽馬會為了表揚他的成就，亦專設一為本地騎師而設、以他命名的獎項「告東尼獎」。

5.3 賽馬會的設施與會籍

如今，香港兩個跑馬場皆已經成為世界級馬場，沙田馬場是多項本地及國際一級賽事的舉行場地，而跑馬地馬場也因其悠久歷史和夜間賽馬吸引無數遊客慕名前來。根據賽馬會官方數據，回歸後20年來，每年的賽馬日平均入場人數，沙田馬場保持在28,000人以上，跑馬地馬場則是18000人左右。

賽馬會會員方面，主要分為賽馬會會員、競駿會會員及國內會員。要成為賽馬會會員必須由馬會董事局委任的200位遴選會員推薦，入會費用則按賽馬會員或全費會員，前者15萬港元，後者70萬港元。2007年

圖 64：位於北京王府井的北京香港馬會會所

成立的競駿會，是為了吸納更多的青年會員，至成立第一年，首批會員達275人。國內會員是2008年開設北京分會所後吸納的中國大陸會員，入會費為40萬人民幣。第一批個人會員達40人，公司

會員12個，至2016年，個人會員已升至908人，公司會員107個。截止2016年，根據賽馬會官方數據，會員總數已經達到28,926人。賽馬會會員皆為活躍在各界的社會精英，為香港各界的繁榮發展作出了卓越貢獻之人士。

　　香港賽馬會作為亞洲歷史最悠久的會員會所之一，除了兩個馬場外更有四間會所為會員提供飲食、娛樂、社交等服務。它們分別是：位於山光道的跑馬地會所、位於沙田馬場的沙田會所、位於上水的雙魚河鄉村會所、位於王府井的北京會所。會所內的設施包羅萬有，大小宴會廳可

圖63：位於山光道的跑馬地會所

供舉行公司或私人宴會，各式餐廳、酒吧提供餐飲服務，還有各種體育設施、桑拿浴室、私人劇院等。

　　但不能因此就下結論認為，香港賽馬就是富人的運動。賽馬運動是人人可觀看，博彩獎券亦是人人可購買，這個娛樂活動為香港普羅大眾的生活增添了無限樂趣。投注額總體攀升，其中賽馬投注額更在2013至2014年度邁入了十億港元的大關。

　　每年，賽馬在香港的風靡，使得香港賽馬會有著豐厚的收入，而賽馬會亦因此深感承擔了更多的社會責任和義務，她對社會的貢獻不但在於豐厚的稅金，更通過其設立的「香港賽馬會慈善信託基金」，向社會的方方面面進行慈善捐款，其捐款額亦是年年攀升。

　　上述諸多數據，可直觀看出賽馬會逐年發展所取得的卓越成就。時至今日，回頭看去，賽馬會和香港這座飽經風雨的城市一起走過興與衰，因此，香港賽馬事業的發展，也是香港歷史的一個縮影。

圖65：賽馬會會所除了各式餐廳提供的珍味佳肴外，還不時為會員提供一些節日特備活動和美食。

數據來源：香港賽馬會各年《綜合財務報表及統計數字》

数据來源：香港賽馬會各年《綜合財務報表及統計數字》

数据來源：香港賽馬會各年《綜合財務報表及統計數字》

第三章

香港賽馬事業與東西方文化的融合

1・引　言

古今中外，按其地理或環境因素發展出不同的文化體系和傳統。廣義言之，近代社會學家或人類學家將之歸類為兩大體系，並稱之為東、西文化的差異，各有承傳，很難界定誰優誰劣。

人類社會發展至今有兩大劣根性依舊存在。就是，一，嗜賭。二，嗜毒。幾千年來都是統治者心中的鬱結。原因是若放之則不可收，但卻又屢禁不能絕。從東方的文化史，我們發覺均有「卜、賭同源」之說，認為是一種術與數的推敲，所以有一種「算無遺策」的說法。古人均認為占卜主要是一種預測未來的計算，根據其占卜結果進行押寶賭勝負的行為，但這種神機妙算的方法其成功率都帶著極大的幸運成分。因此，它的結果只能是或然性的而非必然性的。所以雖然用一樣的方法，但其占卜結果卻不一樣，如賭博般，沒有可重複性。是故，被拒於科學的門外。惟其如此，對人的心理而言，這會產生一種極大的挑戰性和引起好勝的心態。

「賭博」和「遊戲」之間存在極大的關聯，東西文化都普遍存在著這一情況。

在東方文化中，賭博是兩個概念的共同體。「賭」是指押錢，「博」是指遊戲，所以，簡而言之，賭博就是在遊戲進行過程中以金錢押在遊戲的勝負結果上。在賭博的過程中，人不單可贏取金錢，亦同時獲得心靈上的滿足感。此所以賭博能吸引人的地方，亦容易使人沉迷之因由。

英語稱「遊戲」一詞叫 GAME，「賭博」則呼之為 GAMBLING。因此，可以理解西方社會中遊戲與賭博的緊密關係。而跑馬或賽馬運動的發展過程，便能充分體現馬匹在競賽場上是一種人馬合一的力量、速度、騎術策略等的綜合表現，由於

其賽事結果由多種因素包括非人力所能控制的場地因素，是以賽馬運動和賭博能完美結合，而使到賽馬活動變成為一種獨特的文化，由貴族化漸次發展為普羅大眾參與的群眾性活動。

是故，賽馬運動不可能被簡單地視為是一種純賭博的遊戲，而是寓賭博於娛樂與消閒的活動。

在西方，特別是擁有源遠流長的賽馬運動的英國，他們所孕育出來有關種馬的優選、培育、訓練、檢疫和疾病防控都已有一整套的科學理論與實踐，並形成了一個專門的研究學科；另外，在賽道的設計、投注和賠率的釐定、賽事的安排、騎師的培訓和練馬師的聘用等，均發展出一個嚴謹的制度，從而增強了賽馬運動和作為馬迷投注博彩的公信力和可靠性，並提供了一個保證或保障。

在東方的香港，賽馬運動的收益，更是香港特區慈善和教育事業的重要支持者和推動者。

但當東方文化中蘊含熱愛賭博的劣根，碰上了西方人喜愛的賽馬運動引進香港這塊前英國殖民地時，很快便受到追捧，在東方這被道德文化眾口一辭所譴責的賭博行為，卻為這個不斷發展、完備，並具強烈科學性的賽馬運動巧妙地結合起來。賽馬運動亦因此而達致發展、興旺，東西文化的差異通過這些賽事活動的進行而成功地融合在一起。

文化上的有機結合和融洽，也給了香港的賽馬事業為何發展得這麼成功——除了他們有一個辦事精幹和富有遠見的管理團隊外——提供了一個堅實的基礎。從而使到賽馬事業在香港得以發展，並成為參與人數最多的體育運動。

2・賽馬活動與文化的互動關係

　　人類學是現代學術中最早進行文化定義和研究的學系。19世紀，英國人類學家泰勒爵士（Sir Edward Burnett Tylor）將文化定義為一種使社會賴以存在的觀念和能力，一種包括知識、信仰、藝術、道德、法律、習慣以及作為社會一份子所獲得的任何其他能力的「復合整體」。現代人類學繼承了這種定義，認為一切的社會現象都可以是文化現象。學者費孝通對文化的解讀是：文化是人作為社會成員創造的，除了要依靠前人已有的文化基礎，還需要互相合作，才能繼承和創造文化。他的老師著名的人類學家馬凌諾斯基（Bronislaw Kasper Malinowski）在功能主義的基礎上把文化從物質、精神文化、語言和社會組織四個方面分析，認為文化建構了人文世界，即可以滿足人類基本、派生和整合三個層次的需要。換句話說，人之所以為人，與生物、社會和精神三者

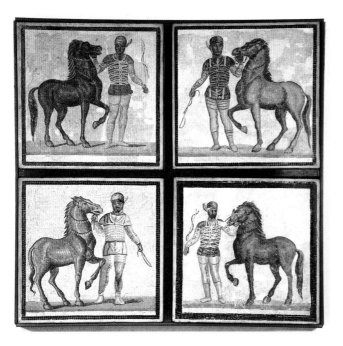

圖66：現存於羅馬國家博物館的一幅馬賽克（Roman Charioteer Mosaics），表現出四位騎手及其馬匹的風采，當時並未發明馬鞍。

圖67：快活谷馬場。沒有比在璀璨生輝的霓虹夜晚，欣賞精彩的賽馬更令人嚮往。

息息相關。文化是每個人生活的方式，或許可以把人按族群，不同的消費階層劃分，但是文化本身並沒有高下之別。賽馬文化也是基於這種歷史背景下，形成的一種雅俗共賞的帶有博彩性質的文化現象。

古希臘詩人荷馬（Homer）的《伊利昂紀》（"Iliad"）提到用馬牽引戰車進行的競賽被認為是有關賽馬運動最古老的記述。在小亞細亞（Anatolia）發現的石碑銘文更表明，早在特洛伊戰爭（Trojan war）幾百年之前，亞述（Assyria）各地王國就有專職的馴馬師。公園前7世紀，古奧林匹克競技會上有四駕馬車比賽，其後約四十年，賽馬開始由騎手駕馭進行，被視為賽馬運動的真正開始。羅馬帝國全盛時代有駕車賽馬、騎馬競賽以及所謂羅馬式賽馬（騎手跨立兩馬背上）。當時賽馬活動頻繁，有專業賽馬工作人員，有起跑道，有關於比賽規則的爭執，有關於給馬施用興奮劑的訴訟、押馬賭博以及觀眾騷亂等記載。14世紀法蘭西農村節日上有賽馬活動。在路易十四在位期間（1643-1715），賽馬賭博十分流行，對比賽曾是最普通的賽馬形式，在對比賽中，馬的主人提供獎金。這種對比賽是私人之間的比賽，逐漸為公開的賽馬活動所取代。

在香港，自1842年《南京條約》把香港島割讓給英國作殖民地，英國人在短短幾年後便把賽馬帶入香港，後來更成立了香港賽馬會這個機構。起初，能加入賽馬會是殖民統治者所享有的特

權。時移勢易，今天的香港賽馬會，1.4萬名會員中，95％是華人。自1846年香港首次正式賽馬活動的舉行，1884年香港賽馬會的成立，到2008年奧林匹克運動會馬術比賽的舉辦；雖然香港賽駒數目僅佔全球受訓純血馬的0.7％，卻有25匹賽駒列入2018年世界馬匹年終排名，佔全球7.5％；而香港賽事只佔全球的0.6％，卻能每年舉辦12項國際一級賽。世界級賽馬已成為香港的名片之一。

賽馬這項貴族運動，經過博彩的引進後普及開來，現在最低每注10港元便可參與，如今已成為香港文化重要的一部分。曾經有這麼一個說法——即香港由三種力量統治，一是馬會，二是匯豐銀行，三是港督。今天，賽馬活動與香港人的生活關係甚密，長期以來，港人在日常交往中產生了許多與賽馬有關的口頭語，如造馬、馬主、外圍馬、馬夫、鋪草皮……等；此外，香港城市還出現了不少帶「馬」字的街道和街區地名，如位於港島的馬師道、跑馬地、馬寶道和寶馬山道，位於九龍半島的馬頭圍、馬頭角、馬頭圍村、馬頭圍道、馬頭角道、馬頭涌道和金馬倫道等。

如今，賽馬運動已成為當今香港的一道「風景」，有名的「香港八景」中就有「快活蹄聲」一景。據記載，本世紀20至30年代的「香港八景」中並無「快活蹄聲」，自40年代開始，由於賽馬運動日漸發展，「快活蹄聲」便成為八景之一。

文化是有歷史因素的，是一個群體共有的一套概念，一般來說，不是出於個人的選擇，而是群體不斷耕耘的結果。香港由於歷史原因，一直是東西文化的橋頭堡。在英國長達百多年的殖民地的歷史中，孕育了許多基於東西文化交融的文化現象。比如本書所討論的賽馬活動。

3・中國傳統文化、民生與馬的關聯

在中國，馬是中國傳統文化及歷史上繞不開的一環。而中國人可說得上是最早養馬的民族之一。早於公元三四千年，北方草原的國人已成功把野馬馴養成家馬[41]。黃帝年代，便懂利用馬匹駕車[42]。自發現馬匹的功用後，馬匹成為國家國防、經濟的重要資源。民間、以至朝廷皆有經營馬場。漢景帝年間，便在西北邊境大興馬宛達三十六所，養馬三十萬匹[43]。漢武帝為奪取珍貴的寶馬及養馬地，更不惜戰爭相向。

馬匹的數量和質素，是當時國防、傳遞消息、耕種的關鍵，頗受朝廷重視。歷朝代一直設專門職位，設立法規以監理馬匹飼養的行政事務。如秦漢時，朝廷制定《廄苑律》，便是全國首條與畜牧獸醫相關的法規。當中明令「殺傷馬牛，與盜同法」，「傷乘輿馬，央革一寸」。這些保護牛馬的律法，於往後的漢、唐亦有相近法規[44]，可見牛馬之地位。除此之外，自唐代起，設有獸醫教育。當時中國獸醫學說可說首屈一指，日本獸醫平仲國更曾前往中國留學，回國後更影響日本的獸醫界。宋代則增設獸醫院，「以養療京城諸坊、監病馬」[45]。直至明代，朝廷也幾次培訓基層獸醫。朝廷的法規和政策，促使馬匹的養飼更為完善。

另一方面，民間的養馬業也越發蓬勃，尤以專責治療獸病的獸醫，地位日漸上升。西周至戰國時，人們對獸類的治理仍在摸索階段，書籍多只談及馬匹疾病的描述，治療手法單一。至秦漢

41　謝成俠，《中國的養馬業》（上海：永祥印書館，1952），頁 5-6。

42　（唐）歐陽詢，《藝文類聚》，卷七十一〈車〉，

43　（漢）衛宏，《漢官舊儀補遺》，

44　曹旅寧，〈秦律《廄苑律》考〉，《中國經濟史研究》，2003年3期，頁 150

45　《宋史》，卷一百九十八，志一百五十一，兵十二

年間，獸醫漸增，民間有專治馬病的「馬醫」[46]，以方劑和針灸治療獸病。經過歷年發展，晉代以後，獸醫逐漸形成體系，專著大量湧現。北魏賈思勰所著《齊民要術》，記有家畜26種疾病的48種療法，可見當時獸醫技術水平之高[47]。

明代喻本元、喻本亨編著的《元亨療馬集》，可說中國傳統獸醫學大全，廣泛記錄各種有關馬匹的各項事情，內容豐富。由相馬、養飼、病症、治療藥方無所不包。書中記錄了馬的三十六起臥，七十二症，並對每項病症的成因、療法、護理有所論述。後人大多依據此書進行修訂增補，為中國馬醫經典著作。

中國的朝廷及民間，皆對馬匹極其保護。為飼養馬匹，朝廷於律法、政策上投注不少心力。相對的，馬匹則帶動了中國的經濟、國防、獸醫等事務的發展。古代中國對馬匹的保護制度相較現今，仍不見落後。

因此，在中國文化、民生中，馬佔有一個特殊的地位。它不單是戰爭中的戰略武器，也是民生的重要資源，是古代的交通運輸系統。馬奶更是草原民族重要維生資源。同時，馬匹亦是一種官民的主要體育運動方式。

有了這種淵源，所以現代賽馬這項起源於英國的活動，在英國殖民香港後，能快速植根，由早期英國紳士的娛樂活動變得平民化並興旺發展，成為香港市民日常娛樂的其中一部分，也許與中國傳統文化中跟馬的緣分亦有所關聯。

圖68：《元亨療馬集》

46 張學文，《養殖史話：古代畜牧與古代漁業》()，頁
47 於船，〈中國獸醫史〉，

圖69與70：1850年，英國人在上海租界成立跑馬總會，先後開闢多個賽馬場，於1861年時建成了號稱遠東第一的上海跑馬廳。19世紀30年代，是上海跑馬總會的全盛時代，1941年太平洋戰爭爆發後被日本佔領。1949年解放後被改建為人民公園、人民廣場、圖書館和博物館等。從這兩張當年的明信片可見當時（19世紀30年代）的跑馬盛況。同時，亦顯示當年華人社會對英式賽馬的認受性。

4．東方文化的賭博觀念

　　賭博，在東方文化裡又稱為博弈，是一種普遍的娛樂行為。在世界各大宗教之中，基督教、佛教、伊斯蘭教都是抵制賭博，因為金錢和財富會引起人類的情緒波動。孔夫子亦有「君子愛財，取之有道，用之有度」。賭徒的目的是通過賭博贏得財務上的自由。從概率科學的角度，其實賭徒是沒有辦法計算超過莊家，如果他們不離開賭桌，他們的下場大多數便是全輸。而這種不能離開賭桌的心態就是常見的問題賭博。

　　賭博在東方文化中有很長時

圖71：漢畫像石《仙人六博》

期的歷史記載。東漢畫像磚中就有「六博圖」。據文字記載，這個是上溯夏代的一個博彩遊戲「古者烏曹作薄」，傳說夏末臣子烏曹發明了「六博」局以供娛樂，也有占卜之功能。春秋戰國時期，生產力發展，此時人們的娛樂業更豐富，又有鬥雞、走犬、六博、投壺、骰戲、採選、雙陸、馬吊、骨牌等等。其中不乏利用有價值之物，競爭輸贏。現考古學亦有作證，約公元前600年的立方體骰子。《史記》中記載田忌賽馬更是家喻戶曉的故事。

　　但是在眾多娛樂之中，賭博是被視作「惡業」。論語有云：「飽食終日，無所用心，難矣哉。不有博弈者乎？為之猶賢者乎已！」平日閒來無事，以賭博或下棋娛樂一番並非不可以，但是「聖人不以博弈為教」（《顏子家訓》）。孟子更是把「博弈好飲酒」論之為「世俗所謂不孝者」的表現。可以看出，賭博在東方文化中作為一種娛樂，但是由於這種用貪慾和及其容易上癮的特質，這個現象遭到批評的情況居多。

　　一般而言，賭博分為低風險性賭博和傷害性賭博。東方文化所抵制的就是傷害性賭博。這類的賭徒向家人隱瞞或欺騙他們的賭博行為；花費大量的時間在賭場裡，不惜忽略家庭和工作的責任；賭博後感到的是抑鬱和憤怒；不惜

圖72：漢畫像石《鬥雞》

債台高築的去籌集賭資；並且常常相信賭博最終會給他們帶來豐厚的回報，把賭博視為生命中最重要的事以逃避問題，甚至與親朋好友產生衝突，忽略了自己精神和身體的健康。這類賭徒可以分為三個階段：一，贏錢階段，「輸錢皆因贏錢起」，賭性強的人不僅僅是贏錢的開心，還有對賭贏的刺激感的追求；二，追逐階段，這個階段常常是已經有了大額的輸錢，但是依舊相信只要有賭本就會翻盤的神話；三，危機階段，這個時候已經是債台高築，家庭破裂，走投無路，很有可能走向輕生。

　　中國傳統文化中對財富的態度是：「君子愛財，取之有道，用之有度」，而君子又是儒家文化中所倡導的，賭博這一種以小博大的行為，在儒家文化中一直是不被倡導。賭博也是被歷代的

政府所加以管束。但是，賭博行為由於它的娛樂性，給賭徒帶來的刺激感，屢禁不止，成為了一個貫穿中國歷史的文化現象。在今天甚至成為了一個龐大的經濟市場。

　　大洋彼岸的英國，把他們的賽馬文化傳到海外殖民地，給香港地區的民眾多了一種賭博活動的選擇。從1884年香港賽馬會的成立，到1931年「馬票」的出現，賽馬開始走向大眾化。在殖民政府的規管下，跑馬地成為了一個大型的社交場所，民眾希望可以透過買馬票發家致富的不乏人在。香港收藏協會副會長張順光回憶道：「六十年代，白領人工每月只有一百多元，買馬票就是用『刀仔鋸大樹』」，「當年中頭獎，一日之間成為百萬富翁」。

　　東方文化中雖然對賭博諸多抨擊，但是賭博依舊是屢禁不止的。2016年，香港理工大學的研究數據中顯示[48]，61.5%的香港居民過去一年參與過賭博活動，賭博失調者按推算全港約有10萬人。早於2003

圖73：60年代的大馬票

年，香港賽馬會便捐贈1200萬到1500萬給政府成立了「平和基金」，提供與賭博相關的研究、教育以及預防沉迷的戒賭所等資源給需要人士。然而，賭火燒不盡，仍是有賭風不斷。這種以小博大的貪慾，以及遊戲過程中的愉悅讓是賭博屢禁不止的原因之一。

　　華人好賭，香港文化研究者彭志銘認為：「中國人賭癮深，因為華人是一個'走難'的民族，國難多，缺乏安全感；又信天意，

48　《香港人參與賭博活動情況 2016 研究報告》，香港理工大學應用社會科學系，2017

篤信命運」。由於對前景迷惘，故希望通過索性放手一搏，從而接受命運的安排。香港理工大學的賭癮研究中認為，對賭博的期望是源於自身性格、生活壓力、社交、家庭因素等等。他們由於一時的逃避，不自覺的陷入賭博的漩渦，甚至不惜為了追回賭本，過度賭博的悲劇屢見不鮮。

中國文化中對待財富的態度雖然也有「貧與賤，是人之所惡」，天下人唯利是求，富貴是人之所求。但是在文化中，認為物質是工具，對於有識之士來說，更重要的是「未若貧而樂，富而好禮者也」。東方文化中對賭博的態度，也是一種對財富的態度，賭博作為一種以小博大行為，賭徒信仰的是一種時運，追求的是幸運的財富，然而若是跳出這個空間，賭徒其實是希望在金錢富裕的基礎上獲得更好的生活。那麼這樣探討的空間就更大了。

4.1 賭博是跨階層性的活動

香港是華洋共處的社會，最早在香港居住的華人大多以倚靠漁農、苦力為生的低下階層，亦有一些由於戰亂從各地遷往殖民地的華人精英。與此同時，受命於英政府的英國官員，也越來越熟悉和了解香港的生活。他們共同都需要一些閒暇的生活。賭博這個古老的活動成為了一個選擇。賭博，本質是藉助機率決定勝負的遊戲，它每次時間不多，操作方式簡單，極具娛樂性。

在中國古代歷史上，文獻中都有記載上至帝王將相，下至鄉野匹夫的賭博活動。人類自古以來就需要娛樂，比如閱讀、講故事、音樂、體育競技、遊戲等等。賭博其實也是一種古老的遊戲，早期博弈共處，之後圍棋、象棋等對弈的教育性逐漸增強，成為一種藝術、啟迪人的智慧而非單純技藝的存在，而賭博則逐漸變成社會生活的毒瘤，為人們所厭惡。

春秋戰國時期博弈之記載眾多，但是在帝王的世界最出名的還是漢景帝因賭博引發「清君側」的「七王之亂」。秦朝雖大一統，但統治時期短暫，而漢朝則延綿四百多年。在漢文帝時期，吳王太子劉賢入朝陪讀未來的漢景帝，當時太子劉啟，史書記載

二人在玩博戲時，太子劉啟用棋盤將其同胞兄弟劉賢砸死，埋下了諸侯王反叛之種子。這件小事可以看出，在宮廷之中，孩童之間也有博戲之娛樂。

　　西漢還有一位愛賭博的漢宣帝，小時候流離於市野之中，《漢書》記載他登基後，提拔陳遂為太守，詔書云「官尊祿厚，可以償博進矣。」意思為，當時你故意輸給我的錢，也算是給你一些補償了。無獨有偶，在歷史上還記載了一件與帝王賭博有關的軼事。歷史上唯一的女皇帝武則天，廢除其子李顯為盧陵王，後來一直不立儲君，一次，武后對大臣狄仁傑說：我夢見與人

圖74：東漢時期的陶六博俑

雙陸，一直不勝。狄仁傑等舊臣一直希望武后復立李氏後人為儲君，故上言：「雙陸不勝，無子也！」其後，武后便重新考慮立李顯為太子。從側面反映，唐朝進行雙陸博弈非常之盛行。

　　此外，還有一種名士鴻儒發明的遊戲，叫做《升官圖》，有一本專著《遊戲官場：升官圖與中國官制文化》在這方面有研究。南宋張端義收集了很多民間小故事，其中《貴耳集》中有記載：宋高宗時官侍郎的劉岑在未發跡時，因為貧窮無菜下飯，沒有菜吃時就用升官圖下飯，用幻想世界來逃避現實中的苦楚。清末時期，每逢會試、鄉試，便有人設賭局，公佈考生的姓氏數量和熱門考生，以進行下注。

　　可以以讀書排解寂寞的士人階層尚且如此熱愛博弈，更不用說鄉野匹夫了。《史記》中記載了一個依靠賭博發家的暴發戶桓發，而對其之評語為「博戲，惡業也，而桓發用富」（《貨殖列

傳》）。可以看出司馬遷對於財富的觀念，雖然他也批判賭博，但是對於市場價值以及貧富貴賤，他的判斷較為中立：「富無經業，貨無常主……臣萬者仍與王者同樂」。

綜上，賭博其實是一個跨階層的活動。各類的賭博活動吸引了不同階層的受眾。而本書所討論的是香港之賽馬活動，這項發源於英國的活動，在英國時，賽馬已經發展成上至貴族、下至平民的全國性活動，對於上層來說是一種彰顯社會地位的休閒活動，而對於一個普通的市民，大概希望像中國的桓發一樣，一朝博弈成功，但是這個發達夢並不是每個人都會實現，大部分的還是要夢醒之後，腳踏實地工作。

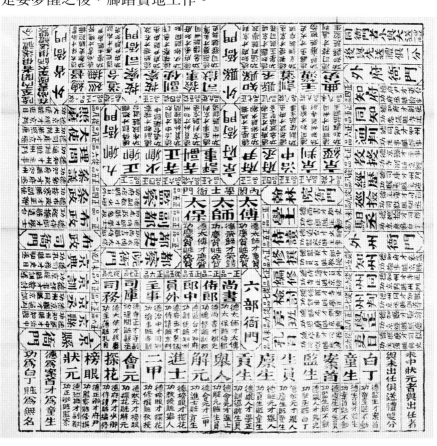

圖75：升官圖

5・中國歷代政府和民間對賭博的認知

唐 朝

　　唐代的大部分皇帝和官吏都愛好及精通賭博，因此對禁賭一事雖有規定但並沒有嚴厲執行。至於禁賭的條文，可於《唐律疏議》中找到。《唐律疏議》是以隋代的《開皇律》作為藍本而制定的。《唐律疏議》的第二十六卷雜律凡三十四條中第四百零二項的「博戲賭財物」提到：

> 　　諸博戲賭財物者，各杖一百；舉博為例，餘戲皆是。贓重者，各依己分，準盜論。輸者，亦依己分為從坐。
>
> 　　【疏】議曰：共為博戲，而賭財物，不滿五疋以下，各杖一百。注云「舉博為例，餘戲皆是」，謂舉博為名，總為雜戲之例。弓射既習武藝，雖賭物，亦無罪名。餘戲，計贓得罪重於杖一百者，「各依己分，準盜論」，謂賭得五疋之物，合徒一年。注云「輸者，亦依己分為從坐」，謂輸五疋之物，為徒一年從坐，合杖一百。贓多者，各準盜法加罪。若贏眾人之物，亦須累而倍論；輸眾人物者，依己分，倍為從坐。若倍不重一人之贓，即各從一人重斷。
>
> 　　其停止主人，及出九，若和合者，各如之。賭飲食者，不坐。
>
> 　　【疏】議曰：「停止主人」，謂停止博戲賭物者主人；「及出九之人」，亦舉九為例，不限取利多少；若和合人令戲者：不得財，杖一百；若得利入己，並計贓

準盜論。眾人上得者，亦準上例倍論。故云「各如之」。「賭飲食者，不坐」，謂即雖賭錢，盡用為飲食者，亦不合罪。

《唐律疏議》把賭博定為只要是在進行共同遊戲時以賭物定輸贏。射弓箭雖也是賭物，但因為是練習武藝，所以並不犯賭博罪。從文中可見，唐朝對參與賭博者、開辦及經營賭場和提供賭具者一律嚴懲處分，輕則為徒一年從坐，合杖一百，重則按照數量以盜竊罪而懲處。

圖76：《唐律疏議》是指唐高宗永徽三年（652年）編定的律文，為中國現存最早最完整的法典。

宋　朝

宋朝所制定的《宋刑統》中的禁賭律文是源自《唐律疏議》，內容相同，只是對因犯了賭博罪的罪犯進行實際懲罰時，因宋代大多以皇帝發布敕令的做法去處理和解決罪案[49]，特別是北宋時期，宋太祖曾下詔：

　　「京城蒲博者，開封府捕之，犯者斬。」（《宋史・太宗紀》）；

　　「京城先是無賴之輩相聚蒲博，開櫃坊，屠牛馬驢狗以食，私銷銅錢為器用雜物。並令開封府嚴戒坊市捕之，犯者斬。隱匿而不以聞，及居人邸舍，偹與惡少為

49　郭雙林，蕭梅花著（1996）。《中國賭博史》。文津出版社

櫃坊者，並朮同罪。」（《宋會要輯稿‧刑法志》）

從以上條文可見，宋朝對賭博處罰之重可謂空前絕後。

元　朝

元朝時期的禁賭律文，根據《元史‧刑法志》規定：

> 諸賭博錢物，杖七十七，錢物沒官。有官者罷現任，期年後雜職內敘。開張博房之家，罪亦如之，再犯加徒一年。應捕故縱，笞四十七，受財者同罪。有司縱令攀指平人，及在前同賭之人，罪及官吏。賭飲食者，不坐。諸賭博錢物，同賭之人自首者，勿論。諸賭博，因事發露，追到攤場，賭具贓證明白者，即以本法科論，不以輾轉攀指革撥。

從上文可見，元朝比起唐宋時期增添了對官吏賭博的懲罰，參與賭博的官吏需被罷免現任官職，並於一段時期後才能再任雜職。官府捕吏若應捕而不捕，故意放縱，亦要受笞刑，若是受賄賂而庇護賭博活動，與賭徒同罪。而對於賭博自首者，政府則放過一馬，給予他們一個改過自新的機會。

明　朝

明朝出現了朱元璋的「重典治吏」思想，根據《大明律》「賭博」條規定：

> 「凡賭博財物者，皆杖八十，攤場錢物入官。其開張賭坊之人，同罪。止據見發為坐。職官加一等。若飲食者，勿論。」

可見，職官犯賭，罪加一等。於《大明律集解附例卷之二十六》中，則纂注解釋道：

> 「賭博謂呼盧局，如樗蒲、雙陸、骰子之類，用財物賭賽以決勝負者也。賭坊即攤錢物之場也。蓋賭博游

蕩之事，而耗亂之階，<u>盜賊之源</u>也。故有犯者，不分首從，皆杖八十，攤場財物並入官。若有將自己房屋開張賭坊，容人在內賭博者，亦杖八十，其房亦當入官，然止據見在場發覺者坐罪，不許指扳，防濫及也。職官為之，何以正人，故加一等杖九十。若朋友相會為樂、賭飲食，非賭財物之比，故勿論。」

圖77：《大明律》，全名為《大明律集解附例》。對近代中國影響深遠，順治三年（1646年）頒行的《大清律例》，實質上是《大明律》的修訂本。

雖然明朝的《大明律》有禁賭律文，可是在對賭博者執行刑罰的過程中卻完全不同。據說朱元璋更採用了一系列的嚴刑酷法，把賭徒們活生生地餓死[50]。

由於明代政府中、晚期的貪污極為腐敗，統治階級很快便沒落，而賭博的風氣亦開始於社會上蔓延。

清　朝

清朝可分為鴉片戰爭前及鴉片戰爭後（晚清）。因為清朝是最後一個作為封建社會的朝代，由滿族入主中原，因此禁賭律令非常詳細及清晰，條例極為繁多，對賭博者之懲治亦非常嚴厲。

鴉片戰爭前，根據滿清政府頒布的《大清律例》中的《刑律雜犯 賭博》中規定：

「凡賭博財物者，皆杖八十，攤場財物入官。其開張賭坊之人，雖不與賭列亦同罪，坊亦入官。止據見發為坐，職官加一等。若賭飲食者，勿論。」

50　同上

　　由以上可見，律文的內容和明朝的《大明律》相差無幾。至於律文的註解與《大明律》的纂注相比，則更明確及清晰：

　　　　「博即古六博之博，謂以遊戲之具，角勝負而賭財物，今擲骰鬥牌之類是也。習於賭博，必至妨礙本業，耗敗家資，比之匪人，入於敗類、故特設此條。凡賭博財物者，皆杖八十，同為賭博，則無首從之可分也；現獲攤場財物並入官。其將自己開張賭坊，招集賭博之人，雖不同賭，亦杖八十，賭坊入官。止據現在發覺之人，獲有博具財物者，為坐。蓋非見發，即無憑據，恐有指攀誣陷之弊也。職官身自賭博，何以治人，故加一等，杖九十。賭飲食為戲者，非賭博矣，勿論。」

　　因為清朝是以滿族為中心政權的朝代，所以與前代不同的是，滿清政府對滿族的賭博者處罰時，比起旗人和民人處罰時，相對地給予了優待，在司法上採取同賭不同罰[51]。另外，滿清政府亦加重了對官吏、監生生員和監獄在押犯人賭博的刑罰。對於賭徒自首，《大清律例》中提到：

　　　　「賭博中人出首

圖78：《大清律例》是清朝的法典，部分條例在清朝滅亡後依然繼續在香港通用。這是由於香港割讓予英國之後，基於香港跟隨英國奉行的習慣法模式，使大清律例中的部分法例在沒有其他法例可供參考的情況下，繼續成為唯一的參考對象。

者，自首免罪，仍將在場財物一半給首人充賞，一半入官。」

　　除了禁止賭博和賭徒外，滿清政府亦嚴厲打擊賭場，對開設賭場及賭徒聚集的地方的主人刑罰最重，而賭場亦分為固定和流動賭場兩種。

　　晚清時期，彩票及麻雀最為盛行，大清政府為打擊賭博，對《大清律例》作出修訂並制定《暫行新刑律》。

　　1880年8月7日，《萬國公報》上刊登了名為《戒賭十條》的文章，文中總結了賭博的十大害處包括：（一）壞心術、（二）喪品行、（三）傷性命、（四）玷祖宗、（五）失家教、（六）蕩家產、（七）生事態、（八）離骨肉、（九）犯國法、及（十）遭天譴[52]。

5.1 中國民間傳統和賭博的關係

　　雖然中國歷代政府一直有禁賭的律文，可是賭博是中國民間傳統中極為普遍和受歡迎的一項娛樂活動。賭博不僅是一種社會娛樂活動，而且也是一種文化現象——博弈文化[53]。

　　在中國傳統節日的習俗中，我們都可

圖79：麻雀（麻將）在華人社區深入民心，已是逢年過節乃至平日社交常見的賭博及娛樂活動。

52　同上
53　同上涂文學著（1997），《賭博縱橫》，民主與建設出版社。

看到多多少少有著賭博的影了，例如每到農曆新年或有喜慶的日子，中國民間都會流行字花、馬吊、骰戲、賽馬和麻將等娛樂活動。中國人除了被從這些賭博遊戲中能獲得的刺激感、金錢及勝利感吸引外，亦很大可能是因為遊戲本身具有高智謀的技術性和趣味因素[54]。中國傳統上流社會喜愛以這些遊戲作為消遣及娛樂，以致一般平民百姓也開始仿效並熱衷於賭博。賭博容易令人沉迷和上癮，嚴重者可能因此而荒廢正業，亦正正因為這個原因，中國歷代政府一直致力打擊賭博活動，惟賭博這個文化現象仍然是屢禁不絕。

---

54 同上

6‧賽馬活動與其他博彩活動的異同

　　隨著人類社會物質生活越來越豐富，社會分工明確，閒暇時間增多，博彩活動逐漸成為了人們休閒娛樂的一種選擇。古今中外各種形式博彩活動花樣繁多，非常豐富。它亦是構成人類文化生活的重要部分。總體可分為三大類：一，利用動物進行的博戲、二，棋牌類遊戲以及三，猜測類遊戲。

　　本書所討論的賽馬活動亦是其中一種，雖然早在中國古籍《左傳》中就有「田忌賽馬」的記載，但是現代意義上的賽馬運動卻是一種舶來品。1842年，英國人租借澳門舉行第一次賽馬，兩年後在黃泥涌建了今天被熟知為快活谷（Happy Valley）的跑馬地馬場。19世紀末期英國殖民管治下的香港開始以駐港英軍和外籍商旅為主體的賽馬活動，而其始並不含博彩成分。在當時不僅是香港，天津、北京、上海等地均有賽馬活動和相關的馬會組織。

　　在香港，賽馬活動最早時只有港英權貴可以參與，是紳士們的高雅活動，但是自馬票出現后，頗受大眾歡迎，在日佔時期還出現了《馬經》去引

圖80：六十年代的香港馬經

導人們購買馬票。1980年代後香港諸多賭博電影也從側面看出，賭博已經成為市民生活的其中一部分。

那麼，究竟什麼因素使到賽馬活動與其他賭博活動有所不同？

首先，賽馬活動和其他博彩活動在玩法上就有諸多不同。例如，棋牌類遊戲，按玩法有棋類、牌類、骰子類、骰棋類，亦有古今中西之分。比如中國的樗蒲，這是一個盛行於魏晉的棋牌類遊戲，以擲骰決勝負，有5個骰子，上黑下白，黑著有刻二為「犢」，白者二刻為「雉」。若骰全黑為「盧」；二白三黑為「雉」；二犢三白為「犢」；全白為白；其餘各等皆有差[55]。所謂「呼盧喝雉」者，乃形容當時人聚賭的熱鬧情景。此外還有盛行於唐宋的雙陸、葉子戲、宣和牌、升官圖等等。而到今日，麻將這種馬吊和骨牌的結合玩法，在中國各地盛行，四川成都更是三步可見一個麻將茶館。而三五知己聚首一堂，進行麻將耍樂，更被描

圖81：常見於澳門和外國賭場的「廿一點」，是使用撲克牌玩的賭博遊戲。

述為華人社會的國粹。從西方傳入撲克牌之後，相應的玩法也有不少，比如常見於賭場的21點、百家樂等等。這些遊戲的基本特點都是無需很大的空間，僅僅三五好友就可以在桌面上進行這個博彩活動。再來，就是猜射類遊戲，這類遊戲的代表有闈姓，這

55　參見莊輝明：《西晉書·東晉書》，香港：中華書局，2005年，252頁。

是一種基於科舉考試制度的猜射類賭博。在清朝時盛行於兩廣地區。由於其他各類賭博或多或少可能有作弊的情況，但是闈姓的中彩與你選擇的姓是否榜上提名有關，使得這種方式添加了幾分風雅。最後，與賽馬一樣跟動物有關的遊戲則有鬥雞，鬥鵪鶉、鬥蟋蟀等等，但是這些玩法和賽馬不同，他們更多基於一對對的動物，然後互相的爭鬥，多為爭搶鬥咬等等。

　　整體而言，一切賭博活動從玩法上，雖然都是由博彩猜測的性質，但是賽馬活動的進行對有場地有獨特的要求。如平坦的賽道和賽道上的鋪墊物料，例如草皮和泥地都有嚴格的要求——賽馬與其他博彩活動的最大差別就是專業和科學化的制度。

　　賽馬比賽除了需要有合適的場地外，參與賽事的要求和編班都有著嚴格的規則；對於馬匹的飼養、訓練和健康狀況等會由專業人士負責；有關種馬的優選、培育、訓練、檢疫和疾病防控等都已有一整套的科學理論與實踐，並形成了一個專門的研究學科；對於出賽馬匹的管理與策騎，均有練馬師，騎師等一條龍式的照顧，因而形成了一個龐大的經濟產業鏈條。而管理者對於投注和賠率的釐定、賽事的監察等，均發展出一個嚴謹的制度。維持著這經久不息的賽事的其中一個主要原因就是賽馬活動的公平公正性、娛樂性與公益性，懷抱著博彩心態的不少賭徒及每場賽

圖82：跑馬地馬場全景圖。

事龐大彩池之有機結合，使到香港賽馬活動無論在參與人數和彩金額度都傲視全球。

但是，正是由於有這種嚴格的要求、專業和科學化的管理、賽馬活動背後悠久的傳統，「舞照跳、馬照跑」成為了香港作為英國殖民地的一個象徵，與其他的博彩活動之雖然都屬於一種娛樂，但是內在的價值卻有了更深層次的涵義。

6.1 香港對賽馬、賭博活動的相關法律和規定

熱愛馬匹的英國人在剛佔領香港不久後便開展當地的賽馬運動，最初香港賽馬僅僅是一種純體育競技活動，場內並沒有任何投注站；反而是其他種類的非法賭博風氣甚盛，雖早有禁賭條例，但一直成效不彰，越禁越猖。直到1867年，港英政府正式頒布與賭博有關的法律——《維持社會秩序及風化條例》，其中，第18條賦予港督公開招商承餉開賭的權力，由政府發放賭館牌照，禁止私賭，並從中收取「賭餉」，亦即是最早的「博彩稅」。惟殖民政府這種公然開賭的行為，引來巨大社會反響和壓力，社會各界不少人士都劇烈反對，甚至上書英國政府，要求禁賭。最終，殖民政府於1871年12月發出禁賭指令，香港公開開賭的歷史自此終結。

然則，英殖民政府深知不可能完全杜絕賭博這個現象，過去無數統治者對賭博活動屢禁不絕的經驗告訴他們：人們心中有對賭博的意慾，宜疏不宜堵。如何透過合法、受規管的渠道疏解大眾的賭博傾向，是殖民政府必須慎重處理的問題。

於1932年，《博彩稅條例》（Betting Duty Ordinance）正式頒布實施，以批准「一般的賽會、賽馬會或狩獵會」，「在香港舉辦小馬競賽集會或其他馬匹競賽集會」，並在布政司的批准下「在賽馬場的處所就該等賽事舉辦……投注」；另一方面「對所受的投注……訂定課稅的條文」，以修訂與賭博有關的法律，合法化了賽馬會的賭馬活動。1973年，港英政府授權香港賽馬會接收場外投注，以杜絕外圍非法賭博。1975年，政府根據《博彩稅條例》成立

圖83：掛紅旗（即滿座）的馬場，透過合法及受規管的賽馬活動，
一般大眾的賭博意慾得到滿足，亦降低了非法賭博所引致的各種社
會問題。

香港獎券管理局，以打擊字花等非法賭博活動。1977年，港英政府
進一步頒布《賭博條例》，以杜絕非法賭博活動。2003年，香港特
區政府宣佈授權香港賽馬會接受賭波投注。

　　香港政府通過合法化、規範化、監管的方式，在限制賭博活
動的同時提供一定的渠道予大眾，通過賽馬活動、六合彩投注等
紓解他們對賭博的意慾。

6.2 寓賭博於娛樂——香港賽馬的文化有機結合

　　正如前文說言，中國人的賭博行為是歷史悠久而又豐富的。
因此，當英國的賽馬開始進駐香港並且合法化後，成為了部分賭
徒的新目標。不過，賽馬活動不僅僅是一種博彩活動，它更是一
種寓賭博於娛樂的獨特悠閒文化。

　　2018年，全球最知名的旅遊應用貓頭鷹網（Tripadvisor）中

圖84：沙田馬場賽馬日的盛況。途中領頭的馬匹為「精彩日子」。
照片由Albert Yu先生提供。

最受遊客歡迎的景點，跑馬地馬場和沙田馬場分別排到第13和第
31位，就像遊客到美國想體驗地道的美式棒球一樣。受到賽馬活
動吸引而參與其中的遊客，與日常拿著小筆、轉運風車、報紙和
小卡片的當地老玩家更說明了：賽馬不僅僅是一種博彩活動。賽
馬已經成為香港的文化名片。據馬會數據顯示，跑馬地和沙田馬
場連續五年超過200萬人入場。

　　毫無疑問，博彩心理是賽馬活動延續100多年的原因之一。社
會財富分配的不均在實行私有產權制度的香港一直是個問題。賽
馬會就是作為香港政府最大的納稅機構承擔相應的社會責任。據
統計一日賽馬會的收入高達逾2億港元。2016年/2017年更是通過越
洋轉播賽事投注額高達35億港元。這個年度馬會收入339.08億元，
而五年前2010/2011年這個數字僅為237.27億元。香港政府的納稅
大戶賽馬會從1915年起就開始關心社會問題，在1993年更是收益
建立慈善信託基金，回饋社會。他們支援的範疇有藝術文化及保
育、教育培訓、長者服務、扶貧救急、環境保護、家庭服務、醫
療衞生、復康服務、體育康樂及青年發展。幾乎覆蓋了生老病死

等諸多方面。

　　除了親臨馬場，分佈於香港各大區域的賽馬會投注站中聚集了眾多馬迷。有時並非賽馬日，一些頭髮花白的馬迷依舊會徘徊在馬會投注站，也許只是為了給手機充電，又或者排遣寂寞。賽馬的玩法很多，每一種的難度和賠率都有所不同，比如：三重彩，四重彩，三選一，孖寶，三寶，孖T，單T，獨贏，連贏等等。香港不少馬迷都有一百元中幾千元、幾百元中幾萬元甚至幾十萬元的故事，正是這種桓發致富一類的故事撐起了馬迷們的熱情。儘管到投注站投注方便，但是馬迷們還是認為現場看最過癮。

　　中國有一俗諺「富人賭馬，窮人賽狗」，馬匹自古以來就與其他動物不同，具有貴族屬性，不少地方的純種馬、騎師和練馬

圖85：每逢賽馬日的場外投注站總是人頭湧湧。

師都有自己的名人堂，這些賽馬光是配種就有這不菲的收入。香港的賽馬雖早在20世紀就已經成為了全民參與的博彩運動，但是其中的階級屬性僅僅在一個賽馬場的場所分佈就已經看出層次分野。

　　在投注站的馬迷，大多不會如同澳洲、德國的同好一樣，西裝革履的出入馬場，但是在另外的入口，那些馬主、馬會會員卻是另一番風景。不僅馬會對他們有特別的著裝要求，甚至因為級別的不同，轎車停放的位置亦有出入。馬主目前在香港有1144名左右，良駒甚至高達上千萬，等同於香港一間豪宅的價值。然而作為社會地位的象徵，尤其是隨著中國內地資本的湧入，成為馬主更是一件供不應求的身分證明，2018年合共發出馬匹進口許可證僅為440張。而馬會會員有比成為馬主更為苛刻的條件，儘管會費每個月才850港元，入會會費15萬港元（全費會員則為2350港元月費，70萬港元入會費），但是需要一位定居香港之名譽董事、名譽遴選會員或遴選會員提名。因此，成為馬主亦成為了不少華人用以彰顯社會地位的途徑之一。這從上至下的文化構建使得賽馬活動超越了一般的博彩項目，成為了香港社會的獨特風景線。

　　著名的社會學家布爾迪厄（Pierre Bourdieu）基於消費社會的現實之批判而提出的區隔理論：由於人們的日常習慣不

圖86：作者與女兒於2018年沙田馬場馬匹亮相圈的合照，並欣賞了多場激烈賽事，渡過了一個輕鬆悠閒的下午。

同，儘管經濟資本相同，但是文化資本，社會資本也會將不同的階層分開。

　　此外，尤為注意的是，現代賽馬是源於英國，所以在1997年香港回歸之後，鄧小平的一句：「馬照跑，舞照跳」就成為了香港特別行政區的「港人治港，高度自治」的行政方針之象徵。因此賽馬活動除了是一種博彩活動，還是一個政治象徵，象徵著香港是中國貫徹實施「一國兩制」科學構想的特別行政區，中央政府嚴格按照基本法行事，堅定支持香港政府依法實施高度自治權。在資本主義制度下，原有的生活方式、法律基本不變。

　　整體而言，香港的賽馬活動像一個小的社區切片，折射出香港社會的多樣性。這裡有富豪群體，也有普通的中產百姓，亦有一些生活較為困頓的基層市民。但是在賽馬活動均歡迎他們的到來，不僅是他們，還歡迎世界各地來香港旅遊的遊客參與這項盛事。正如貓頭鷹網中一位遊客的留言：「在香港，想要聽到聲浪最大的尖叫一分鐘，不是上演恐怖電影的電影院，也不是明星走秀的T型台，而是在每週的賽馬場中。」

　　因此，在本質上，固然賽馬活動所包含博彩屬性與其它形式的賭博性質上並無差異。但隨著賽馬事業包括場地和馬匹訓練及其帶有休閒等娛樂成分，已是其它博彩事業所欠缺的。

　　再者，自從香港賽馬會在上世紀已轉為一個慈善法團，其一切博彩收益在扣除運營成本和除稅後均用作香港社會的慈善福利事業和興學等用途。此點，香港賽馬事業及其相關活動已經和其它博彩活動在傳統道德觀點上，在質與量方面，其高下和異同則無須待言了！

第四章

香港賽馬事業傲視全球的重要因素

1 · 賽馬活動是香港多元社會管治下的一服政治融合劑

　　賽馬活動隨著英國的海外殖民統治，被帶到了世界各地不同的地方。在香港，賽馬更與本地文化互相融合，形成了一種富有東西文化交融特色的活動。香港賽馬活動有逾百年的歷史，它在不經不覺之間成為了香港人生活方式的特徵之一。這體現在80年代中英雙方就香港前途問題進行談判時，除了談判所定的正式文件之外，國家對香港人作出「馬照跑、舞照跳」之承諾。此處的「馬」自然是賽馬，而這簡單扼要的六個字亦正正印證了賽馬活動對於港人生活之代表性。

　　事實上，賽馬活動可以說是港英政府在殖民地時代用以紓緩香港政治上衝突、矛盾和維護社會平穩、安定的一服政治融合劑。香港自1842年至1997年曾是英國的殖民地，在百多年的殖民歷史期間，西方文化的侵入，外來人口的湧進，令香港這條小漁村的社會風貌經歷了大幅度的轉變。期間，香港社會雖亦有經歷一些小風波，惟最終都能化險為夷，而並未出現極端而持續的文化對立或社會分裂，終使香港成為一個匯集多元文化的大熔爐城市。

　　就此點，無可否認地與英國管治香港的方式與手法息息相關。在歐洲殖民主義大行其道之時，雖然英國對於其殖民地採用較間接的統治方式，亦注重於保留當地良好習慣、文化，但這並不能完全避免管治者與殖民地人民之間的矛盾和衝突。在管治初期，社會中地位的高低、生活文化的差異、價值體系的不同等等，都造成了香港本地人與英國人之間的經濟利害、感情對立等問題，成為潛在的社會危機。因此，在面對此問題上，英國人便

圖87：圖中前排左起為劉鑄伯、何東、何甘棠，後排左起為何福、陳啟明、羅長肇。

巧妙地運用了賽馬活動作為淡化管治者與本地人民之間矛盾的手法之一。

　　現代賽馬源自於英國。隨著殖民地的擴張，英國人將賽馬文化帶到全球，幾乎每個殖民地都有此文化的蹤跡。在香港，熱衷於賽馬的英國人在佔領香港不久後，最早於1845年便開始舉行正式的賽馬活動，一方面滿足駐港英國官員、商人的娛樂享受，一方面作為文化傳播，加強英國文化和價值觀在香港的影響力。儘管在初期，殖民地政府仍習慣將英國人和本地華人區別對待，例如華人不得隨意進入英國人專屬的看台，馬會的會籍只能批予洋人等等，帶有嚴重的歧視性質。但其後，經歷了1925年至1926年的「省港大罷工」事件，港英政府意識到必須以較友善和寬鬆的政策對待華人，因而一改賽馬過去只供西方社會權貴參與的性質，加強了華人參與，從而凝聚人心，緩和了當時社會的矛盾和緊張氣氛。正如前文所提及到，在1927年，時任港督金文泰下令賽馬會須容許華人擁有馬會會籍，著名華商何甘棠和容顯龍便是首批

圖88：沙田馬場普通席內的觀眾，攝於 2019 年。照片由 Wallace Wan
先生提供。

成為馬會會員的華人。可以說，這是香港華人正式踏入上流社會
之里程碑。

　　而事實也證明，賽馬活動的確有助消融社會上的政治、階
層對立。每逢比賽日，在香港的馬場上各個國籍、種族、膚色、
社會階層的觀眾聚首觀看賽事，進行投注，大家只有一個共同目
標，就是獲得娛樂享受，能贏得獎金紅利固然更好。一方面使到
平民百姓也能參與和感受賽馬這種西方消閒文化，另一方面亦加
強了他們的「社會參與感」。作為一種全社會性、官民同樂的社
交娛樂活動，自然需要整個社會一起去共同維護，保護賽馬活動
的進行，這有效地淡化了殖民者與平民大眾之間的界線。而且，
賽馬投注考驗下注者的眼光、運氣，每人贏和輸的機會均等，不
存在因社會階層差異而出現不公的情況。固然，權貴人士自然能
坐在豪華包廂，飲著美酒觀看賽事；但在觀眾看台上的平民「馬
迷」亦能看得全情投入，為自己所落注的馬匹吶喊，感受場內的

火熱氣氛。

　　隨著社會進步與經濟發展，香港賽馬並沒有被時代淘汰，反而蒸蒸日上，發展飛快，賽事和馬匹的質素不斷提升，亦擁有著高水平、現代化的先進設施，更開始有機會舉辦一些大型的國際賽事。同時，有不少香港訓練的「名駒」揚威海外，獲得極高的聲譽。不過，香港賽馬活動並沒有因此成為社會上層人士的獨有玩意，原因之一是參與的門檻始終維持在平民百姓能輕鬆負擔得起的水平。自1982年，投注基本計算由5港元增至10港元至今未變，觀眾付出一百幾十元，便能獲得投注的參與感，享受一個既刺激，又休閒的快樂時光。賽馬運動這種西方消閒文化，在香港，與華人的東方文化相融，最終成為了今天香港人生活文化的重要代表之一。

　　可以說，透過賽馬文化的推廣，社會大眾少談了政治上紛爭，而著眼於社會、經濟和生活質素的提升。因此，管治者有效地凝聚到社會人心，亦以此沖淡殖民地管治的負面印象，減低了社會和政治動蕩的機會。

1.1 政府與賽馬會的合作打擊非法賭博

　　同時，香港政府亦一直與香港賽馬會合作，進行多次改革以改善社會上的問題。在五、六十年代，香港社會面臨著治安、貪腐等問題。一些犯罪集團透過地下經營黃賭毒等非法活動，擴張勢力，嚴重影響到社會大眾的安全，政府必須對此進行打擊及作有效管制。在賭博方面，六十年代時候非法外圍馬的問題十分嚴重，這些非法賭博集團以借貸、分期「找數」等方式吸引了大批人瘋狂賭博，大賭亂性，以致他們負債纍纍。因此，港英政府提出的其中一項措施便是授權香港賽馬會接收場外投注，目的是向大眾提供一個方便而合法的賭注方式，以杜絕外圍非法賭博，打擊犯罪集團的經濟收入。另外賽馬會亦一直積極與政府、警方合作，監察並協助打擊非法的賭博活動，對外亦著力宣傳並提醒市民大眾不應參與這些外圍投注。

可以說，在政府與香港賽馬會的雙方配合下，穩定了當時社會中的不安定因素。當然，場外投注這項措施在當年引起了廣泛討論和爭議，直至1973年才正式立法並實行。同一時期，香港賽馬會由彭福將軍接任總經理，以雷厲風行的手段整頓由「毒馬案」揭示出賽馬會的違規陋習，重建了社會大眾對賽馬事業的信心。

1976年後，香港政府推出「多重彩」（後改為「六合彩」）以打擊非法字花，由賽馬會代為受注，其後由賽馬會成立「香港馬會獎券有限公司」接管。2003年，香港實施賭波合法化，賽馬會推出「足智彩」足球投

圖　89：香港賽馬會在宣傳非法賭博的海報

注，由「香港馬會足球博彩有限公司」管理，以打擊規模龐大的外圍足球賭注。2009年，新馬季獲准增加5個賽馬日，以及增加15場轉播海外賽事，亦進一步打擊非法及離岸莊家。

透過這些行動，香港政府與賽馬會合作，把賭博活動限制於少數規範化及受監管的途徑，在滿足公眾對賭博的需求之餘，有關的規範亦可確保賭博活動不致氾濫，把賭博對社會可能造成的不良影響減至最低。

2・香港賽馬活動與其他博彩事業
在性質上的道德分野

　　先排除於前文已講述過的，香港賽馬活動是集娛樂消閒、社交聯誼、文化標誌，甚至是社會慈善公益於一身的大型、全社會性的公眾活動，讓我們單看賽馬的賭博（Gambling）因素一方面。誠然，香港賽馬活動得以吸引廣大市民大眾參與，其中原因之一自然是賽馬博彩的「魔力」。「粵人好賭，出於天性」這句話當然沒有實質的科學根據[56]，但無可否認地，賭博文化與風氣在廣東地區的確是十分濃烈。在香港，當英國人將博彩帶到賽馬運動當中之後，香港賽馬的發展就正如一隻馬匹出閘，應聲而出，攔也攔不住，迅速地獲得了廣泛的民眾支持。博彩的元素為賽馬活動添加更多的刺激感，滿足了香港人好賭的要求。因此，香港的賽馬活動有相當的博彩成分是毋容置疑的。

2.1 賽馬會推廣有節制博彩措施

　　眾所周知，賭博固然既有趣又刺激，但若不加節制便很容易成癮，導致出現各種個人、家庭甚至社會層面的問題。是故，賭博需要節制，更需要有效的宣傳和監管。在對應此問題上，我們知道香港政府一向持著把賭博活動限制於「少數規範化」和「受監管的途徑」。因此，香港賽馬會便是在這種「規範化賭博」模式之中，提供有限的博彩服務。而賽馬會更主動提倡並執行多項「有節制博彩」之政策與措施，對賽馬以及其他各項投注實施嚴格的規範。

---

56 徐珂（民國），《清稗類鈔 賭博》

首先，賽馬會嚴格依照牌照的規限，只提供有限的博彩機會，每年受注的賽事亦有所限制。此點有別於其他以賭場形式營運的博彩事業，以二十四小時提供不停的博彩機會，使顧客更容易賭博成癮，當中甚至有「疊碼仔」等中介人通過借貸利誘賭博人士，鼓勵他們快速、連續地下注，並在輸錢後借貸再賭以求回本。

有見及此，賽馬會亦不接受顧客以信貸投注，更不提供任何形式的信貸，以減少顧客因

圖90：香港賽馬會所提倡與執行的「有節制博彩」政策

參與博彩活動而欠下債項的機會。而賽馬會亦嚴禁未滿18歲的人士投注，無論是馬場抑或是場外投注站都會有入場管制，而顧客在開設投注戶口時亦必須親身到馬會提供年齡證明。可見馬會的「有節制博彩」措施與其他博彩活動的經營方式（例如賭場等）之不同，大大減少了借貸賭博、問題賭博（Ludomania），甚至是病態賭博（Pathological Gambling）的情況出現。

圖91：賽馬會透過各種媒體宣傳「有節制博彩」的資訊。

在宣傳和推廣方面，賽馬會亦從不同媒體渠道向公眾提倡有節制博彩和打擊非法賭博

等的指引和資訊。當中便包括一些教導如何有節制地博彩的指引，例如建議顧客「訂定博彩預算，並按預算下注」、「決不借貸博彩」、「僅以自己所能負擔的款額下注」等，將博彩當作為一種有益的消遣娛樂。同時，賽馬會亦會透過資助平和基金，通過其轄下四間輔導及治療中心，向一些有問題賭博的人士提供治療輔導、和支援服務。

2.2 賽馬賽事已成一種分析性、鬥智遊戲現象

再從賽馬活動本身去看，香港賽馬的投注方式與澳門賭場的完全隨機性的賭博形式又有所不同。從一些「馬經」的內容可以知道，賽馬的信息包羅萬象，例如馬匹的血統、特性、不同類型的「跑法」（如前領、後上等）、騎師的轉變、賽事場次排位、晨操、試閘、跑道和場地狀況等等。而一些「馬評家」會在馬經上提供「貼士」。參與投注的顧客透過研究這些信息下注，讓他們測試自己的眼光能否戰勝隨機性，使博彩更充實而並非單純的「買大細」。

這些隨賽馬而衍生的馬經已成為香港一種獨特的文化。據統計，在香港市民日常閱讀的報紙中，近7成都有馬經版，另外還有14份獨立出版的純馬報。除了為讀

圖92：每逢賽馬日前一兩天，報攤上便滿佈各種各樣的馬經。

者提供賽馬資訊外，這些馬經和馬評家實際上還起了一種作為第三方監察的效用，確保了賽事的公正性；而馬經作為一種傳統紙

媒，在現今電子媒體崛起的年代下，依然能屹立不倒，更有促進文字讀報的重要性。有見及此，賽馬會亦十分樂意為馬迷提供各式各樣的資訊，例如各式的統計表，甚至還有模擬賽馬，資訊之詳盡已無法盡錄。由此可見，香港的賽馬活動更附上了一種客觀、科學、分析性的獨特元素，比起一般的賭博，更像是一種需要仔細分析和部署的鬥智遊戲。

圖 93：香港著名馬評家，董驃（1933-2006），自 1967 年起，主持香港賽馬節目近40年，人稱「驃叔」。

　　此外，香港賽馬投注的注額一向定得很低，最低投注金額僅為十元，參與者只需要花費數十元便能試試自己的眼光，即使輸了亦無傷大雅。正是「小賭怡情」的表現，與澳門賭場動輒數百元的最低投注額是有所差別的。

　　再加上下文將會詳細講述到的，賽馬會在公益慈善方面的投入與努力，為香港帶來了許多社會及經濟利益；也許，我們可以真誠且合理地相信，雖然香港賽馬活動含有相當的賭博成分，但在香港政府與香港賽馬會雙方共同協作之下，有效地減低了問題賭博會帶來的負面影響。當然，對於這些限制和監管博彩活動的政策和措施必須持之以恆，謹慎執行，尤其是現今的網絡資訊科技發達，接觸和參與博彩的途徑亦變得更多。如此，香港賽馬活動方能繼續成為一種健康的消閒娛樂方式。

3・嚴謹、有效率、公平和創新的 公益事業體制

　　除經營賽馬活動之外，香港賽馬會多年來亦十分注重慈善公益事業的發展。換句話說，香港賽馬活動之所以能迅速發展並獲得廣泛社會認同，其主要原因更是在於由香港賽馬會所秉承的公益捐助傳統。作為香港唯一的合法博彩經營機構，同時是香港最大型的慈善機構之一，香港賽馬會更有責任確保其公益事業的嚴謹性、效率型、公平性和創新性。

　　香港賽馬會是一家沒有股東保證的有限公司，收益皆來自賽馬及投注業務，而所得之收入在支付派彩、獎金、經營費用及稅項，以及扣除為改善賽馬及投注設施而作出的投資後，餘下的款項均悉數撥捐慈善及社區計劃。所有慈善款項由香港賽馬會慈善信託基金負責處理和分配。馬會的賽馬、足球博彩及六合彩獎券業務，均嚴格遵照香港法例第148章《賭博條例》及牌照規定經營，並由民政事務局負責。其賭博政策則參照民政事務局轄下的博彩及獎券事務委員會的建議而制定。三項事務分別各由一間獨立公司營運，會方亦為會員提供獨有的消閒設施，由另一間獨立公司經營，經費全數來自會費和各項收費。

　　馬會由董事局掌管，日常運作由管理委員會負責統籌管理。董事局以主席為首以及一位副主席在內，共有十二位成員，由馬會遴選會員選出，一般任期為三年。各董事在商業及公共服務範疇上擁有豐富經驗，對賽馬充滿熱誠，以義務性質服務馬會，並無收取酬金，負責制定及監察馬會的發展策略與方向。而馬會的會務則由以行政總裁為首的管理委員會負責管理及執行，成員包括九位執行總監及一位總監。行政總裁負責執行策略和馬會的日

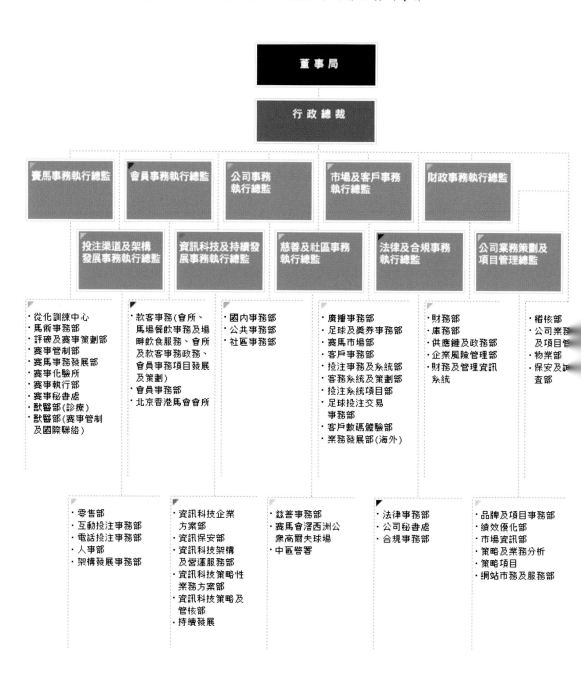

圖94：香港賽馬會組織架構圖

常運作。

在經營博彩收益的分配方面，最大的一部分自然是歸於投注派彩、獎金。一般來說，馬會會將顧客總投注額的八成作為派彩、回扣或獎券獎金等。以2018-2019馬季為例，賽馬活動之投注金額約有84%的還返比例，即使放在全球的賽馬博彩中比較亦屬於頗高的水平。高還返率和中獎率，是香港賽馬得以吸引如此多大眾參與的原因之一。

而賽馬投注扣減派彩後剩餘的收益，約七成會被特區政府徵作博彩稅。在嚴謹和高效率的管理模式之下，馬會每年向政府繳付的直接及間接稅款數以百億計，是香港最大的單一納稅機構。單論賽馬，在2018至2019馬季，賽馬賽事的總投注額超逾1250億港元，所繳納的稅項達130億港元。若加上其他博彩活動（足球博彩與六合彩獎券），博彩稅總數逾230億港元，佔該年度稅務局總稅收約6%。

剩餘的收益在扣除稅項和經營成本之後，賽馬會會將約九成的淨額盈餘撥入賽馬會慈善信託基金，推行各種公益慈善活動，回饋社會。

同時，賽馬會亦是香港十大非政府僱主之一，聘用的全職及兼職員工人數超過兩萬人（2018-19年為21821人），當中，僱用的兼職僱員人數約佔全港兼職人數總數的百分之五。

馬季	總投注額（億港元）	博彩稅（億港元）
94-95	720.1	92.29
95-96	806.7	103.26
96-97	923.5	122.58
97-98	914.9	120.69
98-99	813.4	106.95
99-00	834.2	112.03
00-01	815.3	109.46
01-02	781.5	105.03
02-03	714.6	95.17
03-04	650.2	87.79
04-05	626.6	83.52
05-06	600.5	79.43
06-07	640.0	80.39
07-08	676.85	82.86
08-09	668.20	81.19
09-10	754.97	90.02
10-11	804.13	95.57
11-12	886.10	101.50
12-13	938.45	110.29
13-14	**1018.38**	**117.83**
14-15	**1079.25**	**123.00**
15-16	**1061.42**	**121.34**
16-17	**1174.56**	**131.05**
17-18	**1242.82**	**130.05**
18-19	**1250.00**	**130.00**

歷年賽馬投注額及博彩稅統計（1994年至2019年）

4‧香港賽馬活動與慈善福利事業的成功結合成為社會的一股積極力量

香港賽馬會自1915年已投入捐助社會公益。五十年代，香港面對戰後重建、大量移民湧入等問題，促使馬會將慈善捐助工作納入業務範圍。1955年，馬會正式決定將每年的盈餘撥捐慈善公益計劃。1959年，馬會設立一家獨立的香港賽馬會（慈善）有限公司，專責管理捐款事務；而香港賽馬會慈善信託基金則於1993年成立，並繼承該公司的責任，處理馬會慈善基金的捐款事宜。有賴於賽馬會獨特的經營模式，同時結合了賽馬、博彩與慈善業務，因此慈善基金每年都得以大額捐款資助各項公益事業。在2015年，香港賽馬會更於「世界慈善指數2015」（The World Charity Index 2015）中位列全球第六，是首個登上前十位的亞洲慈善機構。在過去十年，賽馬會慈善信託基金平均每年審批撥出約18億港元的捐款，在2018至2019年度更捐出43億港元，共支持了294個慈善及社區項目。

4.1 賽馬會對民生及社會需要的貢獻

香港賽馬會一貫的宗旨，在於為香港整體社會帶來最大的利益。因此，賽馬會的慈善捐款惠及不同的公益慈善計劃和項目，主要分為十方面，即藝術文化、教育培訓、長者服務、扶貧救急、環境保護、家庭服務、醫療衛生、復康服務、體育康樂及青年發展。賽馬會亦與政府和其他非牟利機構攜手合作，藉以改善香港市民的生活質素，同時讓有迫切需要的人士得到適時的援助。此外，賽馬會亦積極主動地開拓和發展慈善計劃，以應付社

會日後的需要。

賽馬會對民生和社會需要的貢獻，主要分為十方面：

藝術文化

在藝術文化方面，賽馬會過去一直積極推動及支持本地創意及藝術發展，包括資助興建香港首間演藝學院、

圖95：香港演藝學院在創校時獲賽馬會資助三億港元興建校舍

協助優化香港藝術中心、每年捐助舉辦多個國際及本地的大型藝術盛會及展覽等。此外，賽馬會亦積極推廣文化及古蹟保育，包括捐助支持舉辦被列為國家級非物質文化遺產的多個本地傳統活動，以及古蹟保育活化項目。例如在2018年，賽馬會便與特區政府合作，透過活化前中區警署等的古蹟，打造名為「大館」的古蹟及藝術館，為公眾提供了一處薈萃文物、當代藝術和消閒元素的優質文化活動空間。

圖96：香港賽馬會透過其慈善信託基金，成立了非牟利的賽馬會文物保育有限公司，負責在活化後的古蹟群內提供文物展示及導賞活動，同時與本地及海外藝術團體緊密合作推出當代藝術節目。

圖97：香港理工大學的賽馬會創新樓，獲賽馬會撥款2.49億興建。

教育培訓

在教育和培訓方面，賽馬會撥款資助多間資助及私立專上學院校舍及學生宿舍，香港科技大學、香港理工大學等都曾獲賽馬會的資助興建興建校舍。另一方面，賽馬會亦資助教育機構設立及舉辦各種先導計劃，如賽馬會社會創新設計院、賽馬會社區健康教育計劃等。而賽馬會亦於1998年時成立了香港賽馬會獎學金計劃，總撥款額約4億港元，至今已資助超過500位本地及內地學生在港攻讀大學及專上學院課程。

長者服務

在人口老化這個迫切的社會議題上，賽馬會早已推出多項關愛長者的項目，例如在2000年成立賽馬會耆智園，為腦退化症患者提供周全護理；撥款購置全港首架「健腦流動車」，走遍全港十八區，識別早期腦退化症患者，讓他們及早得到適切治療；與香港歷史博物館合作推行全港首創的「耆趣藝遊- 賽馬會健腦行計劃」，透過展覽導賞及工作坊，讓長者及腦退化症患者接觸文化藝術；及於2006年主導推出「流金頌：賽馬會長者計劃新里程」，當中項目包括開設「賽馬會流金匯」中心，為長者提供一站式身心健康管理及支援服務。此外，賽馬會多年來亦就長者就

圖98：賽馬會與多個非政府機構合作開設食物銀行，並向有需要人士提供營養膳食。

業、社區支援，促進健康，以及跨代共融等各方面支持不同項目。

扶貧救急

　　每當社會出現危急情況，賽馬會便會積極及快速地透過「賽馬會緊急援助基金」向受天災、意外、疫症等突發情況影響的人士伸出援手，解決燃眉之急，例如2008年汶川地震，賽馬會便撥備了10億港元參與災後重建工作。

　　在扶貧方面，賽馬會又先後捐助開設中央廚房、食物銀行，提供膳食予基層市民。在2013年，賽馬會捐助聖雅各福群會於東九龍區開展熱食服務；於2014年又捐款支持「惜食堂」在西九龍和新界區提供免費膳食。

環境保護

　　賽馬會無論在文化上及業務中，一直提倡環境保護的概念。在2008年，賽馬會便撥捐3.5億港元，推出「環保計劃」，透過不同形式的公眾活動，喚起市民關注環境保護及可持續發展的重要性。賽馬會亦捐款支持香港中文大學成立全港首間以氣候變化為主題的氣候變化博物館，呼籲大眾關注全球暖化問題。

　　而早於1995年，馬會便資助興建了賽馬會滘西洲公眾高爾夫球場，至今仍是香港唯一一個公眾高爾夫球場，不但為普及這項運動作出貢獻，更以藉致力推行環境保育工作，並因而贏得多個環保獎項。

圖99：滘西洲公眾高爾夫球場，獲香港賽馬會撥款 5 億港元興建。

家庭服務

　　在家庭服務方面，賽馬會於2008年捐款2.5億港元，與香港大學公共衞生學院攜手合作，推出具前瞻性的全港家庭研究及公眾教育計劃「愛＋人：賽馬會和諧社會計劃」，訪問了全港共兩萬個家庭，是亞太區最大型的同類研究，對於相關服務的策劃和政策的制定有極大參考作用。其後更推出各種社區活動和公眾教育項目，例如音樂劇、家庭廚房、家庭教育和社區健康推廣計劃等，宣揚健康、快樂、和諧家庭的訊息。

　　賽馬會亦於2011年捐助670萬港元予香港國際社會服務社，設立「羅湖區跨境學童服務中心」及開展為期三年的跨境家庭服務支援計劃，向跨境家庭提供更多支援；資助成立「香港單親協會賽馬會鄰里支援中心」，支援新任父母和單親家庭；資助防止虐待兒童會、和諧之家，為受家庭暴力影響的人士提供處理有關問題的服務；撥款成立香港大學賽馬會防止自殺研究中心，致力發展更有效的防止自殺研究計劃，並提供前線專業人員訓練。可謂面面俱到。

圖100：香港中文大學醫院，2014年獲香港賽馬會慈善信託基金捐助 13億港元支援建造經費。

醫療衞生

過去，賽馬會持續與政府和本地機構協力改善本港的醫療服務，包括撥款推動基層醫療服務、改善醫院設施、為醫務人員提供最新的技術及支援，以支持香港醫療服務的發展。多年來，賽馬會捐助超過58億港元支持本港醫療發展，包括早年捐助興建賽馬會診所及健康院；於2003年捐款五億港元建議並協助政府成立衞生防護中心；捐款成立「賽馬會創新醫學模擬培訓中心」；捐款13億予中文大學成立本港第三間教學醫院；捐款成立「香港賽馬會備災及救災中心」，為本地培訓備災及救災專才，並加強公眾應對災難的意識。此外，賽馬會亦與醫院管理局合作推出「賽馬會安寢輕移計劃」，為全港公立醫院病房加設520多套病人吊運系統及安裝6,000多張電動病床，提升香港整體醫療水平。

復康服務

　　賽馬會與社區組織及服務機構合作，推出適時而多元化的復康項目及設施，包括捐助香港耀能協會成立賽馬會新頁居，幫助全癱或下身癱瘓病人重新投入社會；撥款6億港元予匡智會，重建匡智居松嶺村的設施，為智障學員提供更多宿位、幼兒照顧及在職培訓等多元化服務；捐助逾2.9億港元予全港首間、規模最大的復康中心「東華三院賽馬會復康中心」，進行大型翻新和擴建工程以應付日益增加的復康服務需求；及捐款主導推行「喜閱寫意：賽馬會讀寫支援計劃」，幫助讀寫困難尤其是有讀寫障礙的學童。

體育康樂

　　在體育發展方面，賽馬會曾於七十年代將沙田馬場部分填海土地資助興建香港體育學院（即前銀禧體育中心）。於2008年，賽馬會亦捐款興建奧運會馬術場地，並於賽事期間提供各種後勤支援及專業服務，隨後更獲頒授「北京2008年奧運會馬術比賽重

圖101：2008 年北京奧運於香港的馬術場地，為肯定賽馬會在興建場地及於奧運比賽期間，在馬醫院、賽事化驗所及其他設施方面提供支援作出的貢獻，賽馬會獲北京奧組委正式授予「北京2008年奧運會馬術比賽重要貢獻機構」的榮譽。

要貢獻機構」的榮譽。

另外，賽馬會所資助的康樂設施亦早已遍佈全港，如五十年代初撥款資助銅鑼灣避風塘填海工程，協助興建維多利亞公園的建成，同時亦捐款於園內興建全港首個奧運標準泳池；其他資助的康樂設施例如：海洋公園、九龍公園、香港公園、三所公眾騎術學校，以及位於滘西洲的全港首個及唯一一個公眾高爾夫球場等。

青年發展

在青年發展方面，賽馬會資助個開拓各類型的青少年活動，例如於2005年主導推出的「共創成長路：賽馬會青少年培育計劃」，多年來協助超過24萬名青少年；支持成立「賽馬會『創不同』學院」及香港青年協會賽馬會Media 21媒體空間，讓青年人有平台將創意轉化成實際行動；及於2012年推出賽馬會青少年足球發展計劃。

從以上各方面去看，香港賽馬會可以說是擔任著除香港政府以外的另一個財富再分配的角色。賽馬會所得的博彩收入取之於民，亦用之於民，賽馬活動在與慈善福利事業的相互結合下，更成為香港社會中的一股積極力量。

4.2 賽馬會應對2020年抗疫的支援工作

除了以上所述賽馬會慈善基金的各項慈善及公益項目之外，特別值得一提的是，於2020年期間，賽馬會對於協助香港社會應對「2019冠狀病毒病」疫情時的支援工作。

在疫情肆虐期間，賽馬會於2020年2月份便率先成立5,000　萬元的「新冠肺炎緊急援助基金」（後增至1億元），讓合資格的社福及地區機構申請，在疫症下繼續支援弱勢社群。其後，續撥款1億5千萬元成立「賽馬會社區持續抗逆基金」，協助一些沒有接受政府津助的提供社區服務的中小型機構及體育組織。此外，賽馬會又撥款4200萬元資助因疫情要留在家中上課的清貧學生，和撥款3000萬元向弱勢社群派發口罩等抗疫物資。

圖102：2020年5月，疫情之下的沙田馬場仍能繼續舉行賽事。

　　在全球體育活動都近乎全數停擺之下，唯獨是香港賽馬每週兩場跑馬日能夠如常舉行，投注額影響亦並不算大（比如三月份的一場週三賽馬仍然能保持11億港元的投注額，比平常少約2億。）。雖然只容許參賽馬馬主、騎師、練馬師、職員和傳媒進場，但在數個月「閉門跑馬」之下能夠保持零確診。

　　對於自己的員工，雖然馬會早於2月份疫症初期便關閉所有場外投注站，但仍然為兼職僱員以他們之前工時為據按比例發薪。賽馬會能夠做到「馬照跑，糧照出」，更保障了員工的安全、健康，確實讓人稱奇。

5·結　語

　　香港賽馬活動具有跨意識形態、跨界別、跨職業、跨貧富、跨族群的特徵，已成為一個大型的、全社會性的公眾活動，簡單而言之：以人為本。

圖103：2005年香港打吡大賽的盛況

第五章

香港賽馬事業發展的前瞻——

香港賽馬會行政總裁應家柏先生的訪談錄

1 · 前 言

作者感到非常欣慰能得到應家柏先生肯首接受訪問，並就香港賽馬會目前的運作，以及未來作出深入淺出和有前瞻性的意見。

應家柏先生是香港近代賽馬發展史上一位重要人物，他是繼彭福將軍後另一位傑出的行政總裁。如果我們認為彭福將軍將香

圖104：作者與賽馬會行政總裁應家柏先生於馬會總部大樓前門合照，攝於 2019 年 11 月 22 日。

港賽馬事業在誠信崩潰邊緣挽狂瀾於既倒，使香港賽馬事業能夠有一個堅實而穩固的基礎發展的話，那麼，應家柏先生則扮演著承先啟後、繼往開來的一個重要角色。

　　從是次訪談中，讀者將會看到他懇切的言辭，溫、良、恭、儉、讓的態度。雖然他是一位德國人，卻有著英國紳士的那份謙遜而不高傲的品格。作為擔當行政總裁一職，應家柏先生對香港賽馬會的認識以及其未來發展的意見、觀念，是值得我們尊敬以及深思的。

（原文為英文，此乃中文翻譯版本）

1. 作為香港賽馬會行政總裁（CEO）的角色與挑戰

薛： 眾所周知，香港賽馬會歷史上最有影響力的人物——彭福少將，在70年代時帶領推動賽馬會的改革，將香港的賽馬運動職業化，又成立了騎師學校等，使到賽馬水平大大提高。

應： 沒錯，尤其是他統籌興建的沙田馬場，可以說是香港賽馬事業發展的一個重大飛躍。

薛： 而應家柏先生您就是另一位最具影響力的人。

應： 謝謝。[微笑]

　　作為香港賽馬會的行政總裁對我來說是一個極大的榮譽，更是任重道遠。因為你會留意到賽馬會有著巨大的社會影響力，不單止是行業內的影響力，而是延伸到香港整體社會。即使我熱愛賽馬，但也深知香港賽馬會不僅是與賽馬有關。須知道，每個機構或企業都會尋找和訂立它們的宗旨、使命等等，而香港賽馬會的宗旨，則一直都是為建設更美好的社會。

　　因此，賽馬運動本身對於賽馬會來說固然是十分重要，是本會的靈魂所在，更是被大眾視作一個最重要象徵；但在更宏觀的角度看，我們要時刻牢記為香港建設更美好社會的這個宗旨。我認為香港是一個不斷在變化的城市，所以你必須時刻保持思考，如何去改變自己，以及明白他人的需求，而不

是純粹為自己機構著想。

因此，我們致力認識和了解我們的客戶，以至整個香港社會。這是一項艱巨的挑戰，同時能協助我們時刻去認清自己的位置和如何讓本會與時並進。這一點非常重要，因為假若我們的客戶、香港的市民不再認為賽馬會是一個與香港密切相關、與時並進的機構，那麼這個美好且歷史悠久的機構將變得過時並失去魅力。

說到歷史、傳統，對我而言，傳統意味著保持自己的傳統價值，同時向前發展。傳統並不意味著拒絕發展，你仍然植根於你的傳統價值，但同時必須尋求發展。而這就是我作為賽馬會行政總裁的最重要職責之一。

2. 作為香港賽馬會行政總裁（CEO）對於賽馬會未來的展望

應： 自從成為賽馬會的行政總裁後，推動香港賽馬成為世界頂尖的賽馬活動是我一直以來的願景。我們可以細想一下香港在整個中國之中擔當著什麼角色。香港是一個卓越、高度發展的城市，因此香港要做到一些內地尚未能做到的事情。因此，我堅信在一個競爭激烈和不斷變化的環境之中，我們首要為香港社會創造價值，同時為中國整體發展的更廣泛利益作出貢獻。這驅使我們必須成就世界上最好的賽馬事業，成為賽馬的領導者，並向世界展示香港有躋身國際頂尖行列的能力。

香港擁有著迷人的拼搏精神（Can-do　spirit）。她是世界上少數能驅使你把她當成家的地方，當我在1998年初來到香港時，我便有過這樣的感覺。我希望香港能夠保持這種魅力，吸引世界各地最優秀的人才，使到他們融入這個城市並共同創造一些別具一格、有特色的東西，而這也是賽馬會一直在做的。

香港賽馬會一直朝著世界一流的方向發展，我們已是賽馬行業的全球領導者，為全球各國樹立了一個仿效基準。我們將亞洲賽馬聯盟（Asian Racing Federation）的總部由澳洲帶到

圖105：香港國際賽事是香港賽馬最重要的國際錦標，由4項國際一級賽組成，被視為世界馬壇的年度壓軸盛事。圖為劉業強議員，其名下馬駒「精彩日子」於13/14馬季的香港一哩錦標中勝出。照片由 Albert Yu 先生提供。

來香港。我們在全球賽馬運動之中發揮著領導的作用，因為我們從誠信、動物福祉及其他有關賽馬運動的各方面等都訂定了最佳的標準。

從數字上可見，雖然香港馬匹佔全球馬匹的總數量只有區區0.8％，但是世界上9％最好的馬匹都在香港受訓。

薛：這是一個很可觀的數字。

應：由此可見，我們已將香港賽馬運動從一個地區性的賽事發展成為世界頂尖的賽馬活動。看看我們每年舉辦的賽馬比賽，其中包括了12場國際一級賽事。同樣地，我們所舉行的賽事只佔全世界的0.8至0.9％，但國際一級賽事中有10％都在香港

舉行，足證我們已經成功將香港發展為 個國際級的賽馬中心。

我們在12月將會有一個國際賽事，屆時世界各地最好的馬匹都會來到這裡；不單止賽馬賽事，我們更吸引了許多國際級別的賽馬會議來到香港舉行，例如國際賽馬組織聯盟執行委員會會議（International Federation of Horseracing Authorities Executive Council）、亞洲賽馬聯盟執行委員會會議（Asian Racing Federation Executive Council）、國際評磅員會議（Global Handicappers Conference）、國際馬匹流動事務委員會會議（International Movement of Horses Committee Meeting）等。由國際馬術聯會（International Equestrian Federation）與國際賽馬組織聯盟共同成立的國際馬匹體育聯盟（International Horse Sports Confederation），他們的執行委員會會議也在香港舉行。凡此例子，不勝枚舉。

可以說，香港已成為全球賽馬的樞紐和中心，而我的展望一直都是將香港賽馬的聲望提高到世界頂尖的層次。賽馬會的願景一直是為香港的社會作出貢獻，而我作為行政總裁的角色便是盡我所能去制定、推行各種的計劃，使賽馬會能實現這個願景。

3. 香港賽馬事業的獨特之處

薛：在您看來，有什麼原因使到香港的賽馬事業比起區內其他國家，例如日本和新加坡，能夠發展得更加成功？

應：首先，我認為日本的賽馬也非常成功，但我們是在世界上少數以賽馬為最大型的體育運動的地方。這是因為我們有一個遠比賽馬本身更宏遠的目標，就是通過稅收等為社會帶來貢獻。從賽馬會成為世界十大慈善組織之一，可以看見我們的獨特之處。在香港這裡，人們參與賽馬的同時也間接地對香港社會作出了貢獻，因此他們會更欣賞我們，而不單是賽馬。另一方面，我認為香港人對於賽馬充滿著熱情，而賽馬也反映出香港的特色，它有著快速的節奏……

薛： 為什麼香港人對賽馬充滿激情？

應： 首先，我個人認為很多人都有賭博的傾向，但這只是其中一個因素。我們可以先看看香港賽馬，與其他地區的賽馬有什麼不同：我們沒有太多的賽事。因為香港人喜歡研究和分析。這不僅是為了贏得金錢；他們也嘗試去研究、分析，找出哪一匹馬有機會勝出。而香港人堅信勤奮、付出能為自

圖106與107：賽馬會為會員和馬迷所提供的免費賽馬資訊，以茲會員參考。

己帶來優勢。這也是為什麼我們要盡力提供比其他地區的賽
事更多的信息，讓馬迷可以盡情研究和分析，而且一切信息
都是非常透明的。在其他地區的賽馬賽事中，你很難找到這
樣的特點。

馬迷喜歡研究、分析，是因為他們獲得成功感，不完全是贏
錢，而是通過投入學習、研究、分析，去贏得下注的比賽。
我認為這是一種心理上、精神上的激勵。

而我認為香港賽馬其中一個有趣的地方是，首先，它的誠信
度非常高，香港人都知道我們十分注重誠信這件事;但同時
它（香港賽馬）也能保持緊湊、競爭、刺激的成分。目前來
看，世界上沒有其他地區的賽馬有這麼多如此緊湊和激烈的
賽事。其中，75%的比賽是以一個或不到一個「馬頸」分勝
負。因此，如此激烈的競爭、刺激，使到您會一直看到賽事
的最後一刻。

當一些從未到過馬場的遊客來參觀時，我喜歡帶他們去跑馬
地馬場的跑道終點。我們場地的環境，尤其是跑馬地馬場，

圖108：香港賽馬是一項極之緊湊、競爭激烈的運動。照片由
Wallace Wan 先生提供。

是世上獨一無二的：夜間賽事，周圍環繞著高樓大廈，人們在夜間聚會，近距離欣賞馬匹，這種刺激和快感反映出香港的其中一種特色。對我來說，這也是一種獨有的體驗。

薛：那麼您如何去區分賭博和賽馬呢？

應：首先，我們非常明確地把香港賽馬作為一項運動去發展。對於一些相對年輕的成年顧客，假若說賽馬是賭博，他們不會感太大興趣。他們反而視賽馬為一種鬥智遊戲。人們賭博，因為很多人都有賭博傾向，但賽馬不同，我們將它發展成一種體育和娛樂，而不只是賭博。

例如你可以看看我們對於場地設施的投入，例如餐廳等，都和競賽本身無關。這與顧客細分（Customer　Segmentation）的概念有關，我們很注重去分析不同顧客的需要，例如，對於一些忠實馬迷，他們喜歡到場外投注處閱讀報紙、投注，那是他們的愛好，而我們則必須盡可能讓他們感到舒適。

另一方面，我們現在有很多中產顧客，他們或許都有點喜歡賭博，但是他們更重視跟朋友結伴而來。因此，他們會希望有更多娛樂體驗。他們希望加入社交的圈子，觀看一場體育賽事，而不只是為了賭博。這就是為什麼我們投放了許多資源去滿足不同顧客的需要，而不僅是發展賭博事業。

在顧客體驗方面，我們也在信息、技術上進行了大量投資，因為現在人們都喜歡在這裡處理所有的事情（指著他的智能手機）。對我們來說這也是一個挑戰，如何去適應日新月異的信息，以及去調整、應對不同顧客對於信息的需求。

我是一個較傳統的人，仍然喜歡在紙上閱讀信息；而年輕一代則喜歡更加圖像信息，喜歡各種的模擬、分析。因此，如果我們想吸引不同的顧客，則必須根據不同的顧客體驗去作出調整，達致「以客為尊」這個原則。

當我剛成為賽馬會的行政總裁時，我們用了整整一年時間去研究，為什麼香港賽馬發展突然之間好像停滯不前。我們察覺到人們有個想法：「哦，原來這只是賭博。」這很合理，因為如果你不是馬會的會員，那麼你可以去哪裡？沒有提供

設施給這些中產階級的顧客，而這些顧客都想有更好的體驗，所以從那個時候開始，我們開發了許多全新的設施，向我們的顧客提供全新的娛樂體驗。我們的顧客曾經由200萬人跌至不足100萬人，現在已回升至160萬人。我們在這方面所做的所有工作，都是為了顧客和潛在顧客的需求。

薛：我可以這樣說嗎，您所描述的顧客或參與賽馬的人大致上可以分為三類：第一類主要是中產階級，他們大部分都以賽馬作為休閒活動而非賭博活動，以我所知，英國人就大多是這種情況；第二類是較為基層的階級，他們對待賽馬的看法就只有賭博；而第三類的人則認為這是體育，甚至還可能視之為一種統計研究，因為你們提供了大量有關賽馬賽事的信息、資料等，它就像一個股票、債券投資的市場……

應：對我來說，甚至對我們的忠實馬迷來說，賽馬也是一種鬥智遊戲。賽馬不是一種純運氣的遊戲，它與賭場完全不同。人們想去研究、分析，即使那些忠實馬迷也一樣。但當然，他們去研究只是為了賭博，他們對體育相對不那麼感興趣。

然後我們有一些中產顧客，他們注重與朋友的社交體驗。他們想觀看一場體育賽事，順便「小賭怡情」一下，同樣是作

圖109：跑馬地馬場晚間比賽情景

為一種鬥智遊戲。當然少不了馬主這個重要的角色。對於他們來說，參與賽馬是一種生活方式，一種享受。這是他們的愛好。他們喜愛馬匹，會研究牠們的血統，專門飛往海外購買馬匹等等。

薛： 就像許多熱衷賽馬運動的馬主們一樣。

應： 是的，對他們來說，賽馬不只是賭博，而是一種愛好，去飼養馬匹，成為馬主。這是一種愛好和生活方式。他們亦希望帶著他們的朋友一起來觀看他們的馬匹參賽。因此，「面子」是十分重要的。我們必須確保馬主們要有「面子」。

我們要了解顧客的心理。以沙田馬場作例子，我們興建了一個有開合天幕的「馬匹亮相圈」。當我最初想到這個主意時，大家都說這有點瘋狂。我的想法是，對於一個馬主來說，當你的馬匹準備參賽，你會想帶上你的朋友來到亮相圈近距離欣賞一下自己的馬匹。但如果天氣太熱或下雨時，沒有天幕便會受到影響。因此我們必須興建一個場地，讓人們聚集在一起，露個面也看熱鬧。

薛： 所以便有那個天幕。

應： 是的，而對於一些很注重馬匹的動物福祉的人來說，在夏天

陽光猛烈的時候，天幕能避免馬匹長時間曬太陽，免於疲累。從馬主的角度來看，你希望享受注視。從馬迷的角度來看，我們的亮相圈可讓約7000人盡情觀看馬匹，看看牠們的狀態、步姿、毛色如何等。而且我們更希望進一步讓香港人加深對馬匹的認識。這就是我們必須了解顧客心理的最重要原因。另外，我們也想造就英雄，賽馬英雄。就如任何其他的運動中，你都需要英雄。

這就是我主張要從一個區域性的運動發展到世界一流水平的原因。我們有機會處理世界上最好的馬匹。我們創立了許多國際性的比賽，最初我們並不能確保會否獲勝，但我們創辦這些比賽能讓人們有一個願望，一個「我希望成為馬主」、

圖110：全球首個可開合上蓋的馬匹亮相圈，沙田馬場。

「我希望自己的馬匹能在國際舞台上競賽」、「我希望贏得比賽」的願望。而實現這個願望的渴望，成為了推動這項運動發展至世界一流水平的重要動力。

4. 香港賽馬未來的發展

薛： 香港賽馬會在中國內地營運一個新的馬場——從化馬場，它代表著什麼意義？

應： 首先，若我們留意一下沙田馬場的狀況，它建於上世紀70年代，設施已有近50年歷史，真的很舊了。過往我們只有六七百隻馬匹，而現在我們有一千三百隻馬匹，訓練設施等都顯得太擁擠了。因此，我們急需將沙田馬場升級到一個嶄新的水平，並且我們也需要其他最先進的訓練設施。

實際上，我們已經在香港研究了20年，但由於土地短缺，我們無法解決這個難題。然後，機緣巧合下我們舉辦了北京奧運會，或者說我們協辦了北京奧運會，並負責了一切與馬術的賽事場地、馬匹管理、馬廄等有關的工作。隨後，廣東政府來到與香港政府商談，看看是否能以那個場地（從化馬場前身）來舉辦亞運會的馬術比賽。因為當時中國尚未獲得馬匹防疫狀況的國際認可，中國馬匹自然不能運出境，而進入中國的外國馬匹，也無法直接出境回國。因此，他們基本上無法舉辦亞運會的馬術比賽。

薛： 所以說，他們未能通過檢疫的要求？

應： 是的，他們未能通過國際檢疫的要求。因此，如果你想帶一匹馬入境，幾乎不可能把它運出境，手續十分麻煩，必須先去美國半年…

然後我們想到了一個辦法，我們希望協助中國，尤其是廣東或者說廣州，建立一個世界動物衛生組織認可的「無規定馬屬動物疫病區」（無疫區，Equine disease-free zone）。這樣他們便可以舉辦亞運會，他們可以將來自世界各地的馬匹帶進來，也可以運牠們出境。

然後我們提出收購這塊土地和場地，為香港賽馬建立了一個

訓練中心，我們成功將香港的無疫區範圍擴展到中國內地。因此，我們說這是一個寶貴的資產，希望能善用它。我們為此建立了一個範例，讓馬匹可以定期活動，這是非常複雜的；但這個訓練中心的設施使我們能夠進一步提升香港賽馬的質素，因為我們終於有機會能翻新沙田馬場的設施，將它提升到與奧運場地、新從化馬場場地的相同標準。

談到從化馬場為香港賽馬帶來的好處，首先，我覺得香港的馬匹未必是世上最頂級，而實際上一隻好的馬匹也不應只是看牠的競賽能力，比如一些好的馬匹能夠成為種馬（Stallion），可以產生非常高的經濟收益。因此，我們現在注重創造競賽價值外，還創造繁殖(Breeding)價值。而我們都知道，對於一些強壯的種馬，或雌馬來說，沙田馬場的設施是在是太擁擠了，會令牠們感到緊張。現在有了從化馬場，我們可以在那裡訓練牠們，使我們能夠為香港的馬匹創造新的價值，使牠們成為國際級的種馬。

圖111：2019 從化馬場速度馬術比賽。

往前看二三十年，我深信中國將會有賽馬出現。賽馬與賭馬是大有不同的，但香港絕對可以成為中國育馬業的中心，香港最頂尖的馬匹可以成為種馬，並在中國繁殖。這對於我們的長遠策略發展來說，是十分有利的。它同時也能夠為中國內地創造收益，繁殖的馬匹也可以出口至澳洲等。例如，香港打吡大賽的冠軍「事事為王」便在澳洲配種，牠與超過200匹母馬交配，費用約16,500澳元（約8萬8千港元），牠為飼養人帶來了豐厚的收入。因此，從發展策略上來說，如果中國真的發展賽馬和育馬業，香港可以成為一個中心，因為我們擁有世界一流的標準。

同時我們也希望為從化社區作出貢獻。首先，從化本來只是訓練中心，現在它已經能夠舉辦我們的速度馬術比賽，讓世界上最頂尖的馬匹都能夠來參加賽事。當然，這其中沒有任何賭博的成分，但這是一個很好的旅遊、觀光的景點。它有助於推動從化的人氣，令從化在賽馬界中享譽全球。須知現在香港賽馬賽事已經在全球13個不同的國家或地區有現場直播，因此也能為從化爭取更多國際曝光，為從化建立一個旅遊的景點。我們定期組織遊覽團、速度馬術比賽，今年三月舉辦了一場，我們計劃明年再舉辦一次，這些都為從化創造了一定的旅遊價值。

薛：從中國的人口規模來看，您認為這會否是一個龐大的潛在市場？我的意思是除了馬匹訓練和育馬之外。

應：我認為這是在猜測中國國家政策的變化。

薛：因為它很容易導致人們有這個想法。

應：但我覺得對於我們來說，首要的是我們為香港作出了什麼貢獻，並為從化帶來了什麼經濟效益。如果未來中國內地有什麼關於賭博政策上的改變，沒有人可以準確預知。當我最初來到香港時，人們已在說「五年內，中國必有賽馬！」我聽過不下數十次。因此我不會對這件事作任何猜測，我寧願專注在賽馬運動這件事上，提高它的吸引力。在從化的第一場賽馬賽事中，我們讓人們可以真正近距離接近馬匹，欣賞馬

匹的速度，這已經是一個很好的體驗。

如果未來有什麼轉變，我們將會有所準備。但那不是我們的目標，因為我們無法影響中國的有關政策，而我也明白賭博在中國國內是一個比較敏感的議題。但我認為未來大灣區將會有更多交流，我對大灣區的發展充滿信心。我相信香港和我們的鄰居在經濟方面會有很多交流，很有可能會有共同發展的機會，但我不會猜測會否有賭博出現。

薛：因為在當今中國，正如您所說的那樣，他們認為賽馬是一種賭博，而不是一項體育活動，他們沒從這個方面去看。

應：是的，但是國務院在2015年曾作出一項有趣的決定。在該決定中，他們提出馬術運動，包括速度賽馬（Speed Horse Racing）是被允許的。這給予我們很大的信心，我們可以繼續舉辦賽馬賽事，但我們非常明確地指出它並非博彩，而是一項運動。

薛：這也是我撰寫本書的主要動機之一，以西方和東方文化的不同視角來看賽馬。如您所說，賭博也許是一種心理上的傾向。因為在古時，賭博並不受朝廷、地方和人們的鼓勵，但它卻一直存在上千年。你無法擺脫它，因此我們要思考的是如何正確地控制它，以及通過西方和東方文化之間的文化差異來解釋這種現象。為什麼在香港，賽馬會如此的成功？

應：我認為這應從1972年，當我們決定把賽馬職業化開始說起。而賽馬會這種綜合的業務經營模式，即是通過賽馬活動來引導大眾的賭博需求，然後從稅收各方面為社會作出貢獻，它並非商業，也不是普通的私人企業。

我們這種綜合的業務經營模式有一個成功之處，就是巧妙地運用了世界一流水平的賽馬和人們的賭博需求。無論我們喜歡與否，東方人尤其是香港人，都有賭博的需求，問題則是我們可以做些什麼？若不加以控制，便會出現賒賬投注形式的地下賭博、黑市賭博等等。而這也是為什麼我不太喜歡澳門賭博的經營模式，他們賭場的業務模式是十分不一樣，那裡有所謂「疊碼仔」，鼓勵你賒賬賭博，隨後又會有收數公

司來追債。

而我們的模式則是推廣「有節制博彩」，引導人們對博彩的需求，並從稅收中創造社會利益。大家可以看見僅是賽馬今年所帶來的稅收已有120億（政府今年的利得稅和薪俸稅共有2360億），我們支付的稅項比香港交易所還要多，佔了香港GDP的1.4％。而我們通過引導博彩需求創造的社會利益，更包括大量的就業機會，我們是香港其中一個最大的僱主，我們有7600名全職員工，大約15000名兼職員工。另外，我們所有的盈餘都會捐作慈善用途，我們是世界十大慈善機構之一，捐出的款項逾43億。

因此，這種綜合模式可創造社會利益，這就是我認為香港的賽馬能如此成功的原因之一。在其他國家或地區，賽馬運動的排名可能僅為第五或第六名，因為它們無法為社會帶來如此明顯的好處，也許能帶來一定的就業機會，但稅收貢獻卻微不足道。

我們這種香港獨有的經營模式，只是建立在我們的兩個馬場，一周兩次的賽馬賽事，我們甚至不想舉辦太多的賽事。因為人們喜歡去花心思研究、分析，喜歡花時間去觀察馬匹。若果我們舉辦太多賽事，例如其他國家可以每天舉辦四五六場賽事，我認為並不一定適合香港。我們想把賽馬保留作一種鬥智遊戲，我們更希望把它保留作一種娛樂活動，而不只是純粹賭博。這就是我們這套經營模式背後的理念。

5. 香港賽馬會如何凝聚、取得社會的共識和欣賞？

薛：在您看來，香港賽馬會的核心價值是什麼？以致使香港的賽馬能如此成功，成為如此吸引人的一項運動。

應：首先，我覺得我們的宗旨、理念對此有顯著的影響，就是為香港社會和香港人建設更美好的福祉而致力發展。這個宗旨，或者說核心價值，是我們成功的原因。因為人們能看見賽馬會並不是為了牟利，而我們的收益最終又會回饋給社會。我們也會調查人們對賽馬會的看法，看看我們對香港經

濟、GDP、稅收等的貢獻有什麼影響力。

因此，我一直非常關注的另一個問題就是賽馬會的品牌：香港人如何看待我們？我們是值得信賴的機構嗎？我們是受尊重的機構嗎？人們是否看見我們為香港建設更美好的社會？而無論是賭博或不賭博的人也給予我們很正面的回應。因此，對我來說，成為一個值得信賴、受人尊重的機構也是成功的關鍵。

薛：您如何使人們感到賽馬會是值得信賴的？

應：簡單而言，從你所做的事能看出你是否可信。你做的任何

圖112：香港賽馬會一向重視賽事監控、規管和誠信，確保了賽事的公信力。

事，都會在人們心中留下一種印象。在2008年金融危機時發生了一件讓我覺得很有趣的事，我們的投注戶口一般會有二十至二十五億的款項，但2008年時它上升至到五十億。為什麼會這樣？人們從銀行提取款項，然後將它存入賽馬會的投注戶口。這就是我們的可信性。它無法憑空構造出來，它只能通過我們自己所做的行為而累積、建立起來，它不是宣傳、廣告。人們對我們信任，當中有一個非常重要的價值因素，就是誠信。誠信對我們至關重要。作為一個機構，我們所做的每一件事都與誠信有關。即使我們或許會遇到一些損害誠信的問題，因為一旦人們有利益驅使就會做些愚蠢的事情，但我們需要毫不含糊地、嚴厲地打擊這些不當行為。所謂「認知即現實」（"Perception is Reality"）就是這個意思。

薛：那麼，賽馬會如何去保持賽事的公平性？

應：首先，我們與其他地區的賽馬不同的是，我們對於牌照的嚴格要求。在其他地區的賽馬，幾乎任何人都能獲得牌照。而我們對誰能成為馬主、練馬師、騎師、工作人員等都有著嚴格的要求。

我們在藥檢方面也擁有非常強大的監控系統。我們有一班專業的獸醫，而他們分為兩組，一組屬於臨床診療，另外一組負責賽事管制。因為在許多的其他國家或地區，獸醫會私底下協助練馬師通過藥檢。我們擁有最嚴格的藥檢監控，在訓練中就會對每匹馬進行測試，其他地區很少這樣做。而每匹馬在比賽前同一天內也會進行違禁藥物的檢查，而每場比賽後我們又會進行嚴格的藥物檢測。實際上，我們唯一出現的案例是有人錯誤使用藥物，我們從來沒有真正的禁藥問題。

另一方面，我們的實驗室是世界上最好的實驗室，它不只被我們使用，同時也被國際馬術總會在主要比賽上使用，他們會在這裡測試各種困難個案。我們擁有著世界上最好的實驗室團隊，部門主管溫思明博士（Dr. Terence Wan），是世界反運動禁藥機構（World Anti-Doping Agency）的實驗室成員，我們的實驗室團隊都是世界一流的化學家。

　　除了藥檢之外，還有賽事本身，我們如何去監控呢？首先，我們有嚴格的發牌要求，然後我們也擁有一支非常專業的團隊來監察比賽。透過一些監控技術，如果您有時間，我們可以帶您參觀我們使用什麼技術來監控比賽。目前基本上沒有其他地區擁有這種技術。你無法擁有所有我們用於監控比賽的攝像鏡頭：你甚至可以放大至看到騎師的手，或從兩個屏幕同步鏡頭，構建一個3D立體影像。我們所擁有的監控人才都是一流的專業人員。

　　除此之外，就像金融市場一樣，我們開發了一個在線監視投注情況的系統，監控有沒有可疑的投注活動。在菲律賓有一個龐大的非法賭注市場，那裡有來自世界各地的莊家，就我們的賽事進行投注交易，我們甚至有派專人監控他們有沒有可疑的投注活動。我們有一個三人團隊，與我們的受薪董事一起監控這情況。因此，我們會監控每個不尋常的潛在波動。我們的系統已經部署到位，以提防和監視並偵測投注的規律性。我們面臨的最大挑戰是可能有人會出售一些內部消息。

薛：出售信息是什麼意思？

應：首先，我們已杜絕操縱賽果的情況出現。但是如果，例如有人知道某匹馬的蹄部有問題，然後將這些信息賣給你。因此，除了在場上，我們也必須小心監察這些場外操作。這不僅是在場上發生的事情，因此我們要求我們的員工必須服從所訂立的行為準則，我們所做的一切關鍵就是誠信。我相信人的本質不壞，但有時你必須指導他們，必須教會他正確的價值觀是什麼。但是，如果人們不遵守這些價值觀，那麼你必須非常明確地不讓這些人留在你的機構當中。有時候您甚至須採取一些威懾措施。在一個周圍有那麼多金錢、誘惑的環境中，你必須非常警惕。

6. 香港、香港賽馬的現狀

薛：最後，我想談一談香港的現狀。我們都知道，香港賽馬事業

的成功在很大程度上取決於鄧小平。（應：馬照跑，舞照
跳。）因此，香港的賽馬能夠不斷發展興盛至今。但是，最
近在香港社會上發生的事情，令到一些人擔心「一國兩制」
，即使不是被削弱，會否受到影響呢？而這些事又會否影響
到香港賽馬的發展？

當然，政治和賽馬不應混為一談，但這些事會否施加了一
些壓力或影響人們的判斷或擔憂，例如，考慮移民到其他地
方，從而對賽馬行業造成影響？

應：　首先，我覺得鄧小平是一個非常有智慧的人，以簡單的一句
　　　話來安撫了香港市民的擔憂。我認為這是一個非常聰明、簡
　　　單而明確的信息。而我對所謂「五十年不變」的解讀並不是
　　　字面上的五十年。以我的理解「五十年」代表著一段很長的
　　　時間。因此，我並不認為「一國兩制」會在2047年就結束，
　　　例如我們在沙田馬場的土地租貸已經超逾了2047年，這對我

圖113：「國際騎師錦標賽2016」的開幕煙花儀式，跑馬地馬場。

來說是「一國兩制」能夠延續的重要啟示。

回到目前的社會情況，它當然會影響我們。我去了很多場外投注處視察，尤其是位於經常有社會運動發生的地區，又和那裡的人們交談，問他們感覺如何，是否感到安全。對我們來說，我們的員工、顧客、馬匹是至關重要的。因此我們要非常慎重地考慮每場比賽能否舉行，各區的場外投注處能否繼續營業，抑或需要暫時關閉等問題。在一些賽事後，我們安排了60輛巴士去接送在場外投注處上班的員工。

談到香港本身，我覺得我們的經濟可持續發展似乎來到了即將破裂的邊緣。我們必須找到解決方案以克服目前的社會動盪。香港是與全球互聯互通的一個國際樞紐，最近出現的混亂對此造成了巨大影響。

首先，進入香港的投資將會減少。我觀察到來自世界各地的人士，尤其是來自中國大陸的資金不再打算來港，這對許多行業的不同部份都將會造成重大影響。長遠而言，香港一直是世界上最安全的地方之一。宏觀地看，香港的確是很多人的避風港，也是一個適合帶著家人孩子來生活的地方。我擔心越來越多其他國家的人士不敢來香港居住，我們機構便有十多個人改變了來港定居的意願。

更糟糕的是，香港人把他們的孩子帶出香港。對於有能力移居的香港人來說，如果現時這個問題不解決，他們便會離開香港。我們必須非常小心、慎重地避免人才外流這個情況出現。所以，尋找一個解決方案，恢復原有的基礎，讓人們感到香港是適合居住的，非常重要。

薛：一些社會上層人士例如馬主，他們的外流想必會帶來許多負面影響。

應：我認為，目前我們處在一個相對靈活的狀況中，人們還沒有真正作出移民的決定。但是，如果在短時間沒有找到解決方案，人們會撫心自問，是否仍要居住在香港。我和許多有小孩的人士交談過，他們對此尤其關注。因此，這就是為什麼我認為找到一個可以重建聯繫的基礎，是非常重要的，而我

十分相信你不能通過強制手段去達到，這不是解決問題的辦法。你需要找到一個不一樣的平台，而你也必須檢討自己所做的事，然後期望在當中能找到彼此的共識。當然，在此時此刻這顯得非常困難。

而這回到了一些原則問題，我在八月事態尚未如此嚴重的時候，以同事而非行政總裁的身份寫了一封信給我們的所有員工。我說到我們必須互相尊重不同的意見及表達方式。我們服務的宗旨是為香港建設更美好的社會，但我們只有在互相尊重的基礎上才可做到這一點。如果你不懂得互相尊重，不懂尊重別人有不同的看法……

薛：我認同互相尊重是非常重要的，因為你必須回應人們的意見，你一定要聆聽當中的委屈，而聆聽是回應的第一步。

應：問題是，你做的每項決定都是基於你所知道的信息，但有時可能會發現自己並沒有考慮周全，因此必須要有願意傾聽之心，並且願意反思和聯繫。如果你不這樣做，你只能依賴武力，而這並不是長久之計。

我認為真正讓我感到擔憂的是未來香港的可持續發展，試想想，如果你現在有100萬或150萬的年輕人脫軌，這對社會的未來是非常危險的事情。如何與他們重建聯繫是非常重要的，因此我不同意有人說他們是「迷失的一代」。怎可以這樣說？

薛：他們就是我們身邊的人。

應：因為他們有著不同的價值觀，有著不同的理解。這也是我最喜歡的話題之一，正如我的同事所知。我認為我們將面臨一個歷史上從未遇過的社會問題，就是社會上老年人數將會比年輕人更多。如何去避免雙方的代溝及爭執，任由它最終將演變成資源爭奪。究竟是把更多的資源投入到老人護理，還是將更多的金錢花在大學裡的年輕人身上？如果你不能夠以人的角度，理性地參與並試圖解決這個問題，我們將會有一個人類歷史上前所未見這樣巨大的世代隔閡。而這是全球性的，不僅影響香港。我們現代人越來越不願意去聆聽和尊重

別人的意見了。

我並不是說所有社交媒體都是不好的，但當中有一個問題：在社交媒體之中，它的搜索引擎只會連接一些與你有相同意見的人，這會讓你感覺到你所持的意見是大多數，而你去聆聽不同意見的意欲自然會降低。這種只注重個人，而不是社會的心態或價值觀，在我們的社會上已經越來越普遍。

而如果你看看儒家的價值觀，這對我來說十分引人入勝，儒家的價值觀是集體第一，我經常對一些西方的政治家說，你要明白一件事，尤其是在中國，有一種觀點是集體比個人更加重要。在西方，我們則說，這是我的「個人」權利。這是一個根本不同的價值體系。現時在香港，我們恰好處於兩者的碰撞之下：我們許多的年輕人、學生，他們受到西方教育體系的影響較大，而其他人仍然保持較接近東方儒家思想的觀念。這導致了另一種思想上的衝突，而解決這個問題，唯一可行的辦法就是尊重、討論和聯繫。

薛：還有通過溝通。而透過剛才的交談，我也清楚明白和理解為什麼您被選為這個大企業的行政總裁。

應：有時候你必須領導大家，作出決定，但是我認為更加重要的是必須時刻願意聆聽並反思所做的事情。

薛：領導同時亦要「被領導」。意思是通過聆聽多方意見，凝聚社會共識，達致良好管治。

應：或許他們說自己有在聽，但只是聽而不聞。你必須是真誠、可信的。你有時會覺得有些人雖然坐在那裡，但他們其實並沒有聆聽你說話。當我遇到這樣的人時，會覺得困擾，當然這只是我的個人看法。

（採訪結束）

圖114與115：上述圖片顯示，2018 年農曆新年在沙田馬場舉行
賽馬日開幕典禮中的醒獅表演和公眾席洋溢著一片萬眾同樂的嘉年
華會盛況。

第六章

結　論

結　論

　　被世人譽為「東方之珠」的香港，從十八世紀末到二十一世紀的中華人民共和國香港特別行政區的管治，由英殖民地回歸中國，歷盡風霜，依然綻放光華。

　　香港亦被譽為一朵文化奇葩，百多年的發展，基於歷史的偶然和必然的多個因素之偶遇，已成為一東西文化交滙的典範。而在東、西雙方文化差異引起的碰撞和融洽過程中，產生了一種不一樣的特殊文化，它就是「賽馬文化」，它隨風潛入夜，潤物細無聲。不知不覺間已成為香港最大型和最多人數參與的運動。

　　從最早期英人輸入這種獨特的英式賽馬文化後一直發展至今，它已牢牢地植根香港，與東方文化有機地結合。通過對香港賽馬事業發展過程的研究，賽馬事業已不能狹隘地稱之為博彩事業。通過多年來香港賽馬會管理層的不斷自我完善和對賽事的嚴謹、現代的管理系統，以及馬匹和騎練等有關專業培訓，並將賽事的一切收益扣除營運成本外，作慈善用途和資助各類文教工作等社會公益事業，綜觀環球同類組織，香港賽馬會是獨一無二的。

　　賽馬事業的發展，造就了賽馬運動成為「本土文化」的一個重要地標。從廣義層面而言，文化就是泛指人的衣、食、住、行。每週舉行的兩次賽馬活動，無論你是否有押注，已成為廣大市民生活的一個組成部分。這個活動具有跨意識形態、跨界別、跨職業、跨貧富、跨族群的特徵，已成為一個大型的、社會性的公眾活動，簡單而言是：以人為本；取之社會，用之社會的一種極具意義的「本土文化」。

附 錄

附 錄

1、香港賽馬會活動大事年表

年份	事 件
1841	1、1月26日，查理·義律（Sir Charles Elliot）率英軍佔領香港島，次年清政府與英國簽訂《南京條約》，割讓香港島予英國。自此，英國人在香港開始發展賽馬運動； 2、由於香港尚未有跑馬場，英國官員及英國商人和商團徵得了澳葡政府的同意，利用澳門作週末辦賽馬的地方。
1842	1842-1844年期間，香港曾在澳門舉行正式賽馬，但僅為體育競賽活動，未設立投注站。
1843	
1844	
1845	一群賽馬愛好者在位於港島薄扶林的一個小型馬場舉辦了一次跑馬比賽。
1846	1、香港跑馬地馬場落成。跑馬地原被稱為黃泥涌谷，本為一片瘴疾為患的沼澤，因是香港島為數不多的一塊平地，故選址於此，並命名為「快活谷」（Happy Valley）； 2、12月17-18日，跑馬地馬場舉辦了正式啟動後的第一次賽馬賽事。初期為每年舉辦一次一連四天的賽事，通常在農曆新年期間舉行。 3、早期香港主要賽馬盃賽「全權大使盃」（Plenipotentiary's Cup）首次舉行，並由港督為勝者頒獎。
1847	由於馬主和商人聯手抵制港督戴維斯（Sir John Davis），沒有派馬匹參加「全權大使盃」（Plenipotentiary's Cup）的賽事，故該年的盃賽被迫取消。
1848	
1849	
1850	
1851	屢創佳績的來自馬尼拉的良駒「Tetoy」於該年退役，結束了8年的比賽生涯。
1852	
1853	
1854	
1855	
1856	早期的香港賽馬品種多為蒙古馬，而中國種馬於1856年首次參加香港的賽馬賽事，並在比賽中創下佳績。
1857	
1858	5月15日的《倫敦新聞畫報》上刊登了該報特派的畫家記者對香港跑馬地馬場的賽馬盛況之報導。
1859	
1860	
1861	
1862	
1863	
1864	
1865	
1866	

1867	6月17日，港英當局頒布《維持社會秩序及風化條例》，第十八條賦予港督公開招商承餉開賭的權力。7月1日，香港賭博正式合法化。但是賭博合法化引起巨大社會反響與壓力。
1868	
1869	
1870	
1871	本年底，英殖民政府發出禁止開賭的訓令，結束了香港公開開賭的歷史。
1872	
1873	首屆香港打吡大賽（Hong Kong Derby）在跑馬地馬場舉辦。
1874	
1875	
1876	
1877	
1878	
1879	
1880	
1881	
1882	
1883	
1884	11月4日，香港賽馬會成立，令賽馬活動在香港奠下更穩健的基礎。菲尼亞斯·賴里（Phineas Ryrie）出任香港賽馬會首任主席。
1885	
1886	
1887	
1888	
1889	
1890	
1891	香港賽馬會開始接受投注，賽馬正式成為博彩活動。
1898	6月9日清政府和英國在北京簽訂的《展拓香港界址專條》，英國租借九龍以北深圳河以南的土地，租期99年。7月1日，條約正式生效。而新租借的這塊地界，有了新的名稱為「新界」（New Territories）。
1907	香港賽馬會委任首位秘書，並在中區設立辦事處。
1914	香港賽馬會開始參與慈善事業，捐助社會公益。
1915	香港賽馬會首次捐款。
1916	
1917	
1918	2月6日，跑馬地馬場發生大火慘劇，正值「週年賽馬」第二日。
1919	
1920	
1921	
1922	
1923	

1924	
1925	香港發生省港大罷工，香港政府開始對華人實行較為寬鬆的措施政策。
1926	在時任港督金文泰指示下，香港賽馬會首次吸納華人成為其會員，並邀請買辦何甘棠及容顯龍成為第一批華人會員。
1927	
1928	
1929	
1930	
1931	1、香港賽馬會首次發行馬票，該種馬票是一種結合賽馬與攪珠的彩票形式； 2、跑馬地馬場建成首兩座三層高的永久看台。
1932	《博彩稅條例》（第108章）於1月1日頒布實施。
1933	
1934	
1935	
1936	
1937	
1938	
1939	
1940	
1941	1、第二次世界大戰期間，日本進攻香港的英軍。12月25日，港督楊慕琦向日軍投降，日軍佔領香港，標誌著香港進入日佔時期； 2、日本軍政府為粉飾太平，繼續舉行賽馬活動，將「香港賽馬會」改名為「香港競馬會」，「跑馬地馬場」改名為「竹葉峽競馬場」，並採用中文代替原先使用的英文馬名及其他資料，又加入不少日籍商人成為會員。當時由於馬匹匱乏，參賽馬匹質素嚴重下降。
1942	1、4月25日，日治香港的第一次賽馬舉行。之後馬季內約隔兩周舉辦一次，每次賽十一場左右； 2、年底，在港的日本人數量達1萬人。
1943	1、1月1日起，公眾席票價由50錢漲價為60錢。投注獨贏和位置馬票，以及搖彩票，都有不同程度漲價； 2、11月30，《華僑日報》報導：「香港競馬會」從日本引入18匹馬。
1944	年末，因戰事，賽馬數量嚴重缺乏，不足應付賽事，更以跑木馬代替，於公眾席與會員席架起鋼線，讓掛於鋼線上的木馬隨之滑下。
1945	8月15日，日本戰敗，宣佈無條件投降。英國恢復對香港的管治。香港賽馬會重新管理賽馬運動，全以軍用馬來比賽直至1947年夏季。「香港競馬會」複名為「香港賽馬會」。
1946	馬會開始向澳洲的馬場訂了100匹馬。第一批94匹於1947年正式運抵香港。
1947	
1948	
1949	
1950	馬會於跑馬地馬場安裝電算機，以取代人手售票、計算派彩及公佈賽果等工作。
1951	
1952	
1953	

1954	
1955	馬會正式決定將每年的盈餘撥捐慈善公益計劃
1956	
1957	馬會將跑馬地馬場原來兩座樓高三層的看台改建為兩座樓高七層的看台。
1958	
1959	馬會捐款金額漸趨龐大,遂成立香港賽馬會(慈善)有限公司,其後於一九九三年以香港賽馬會慈善信託基金取代。現時每年撥捐慈善的款項超過十億港元。
1960	1、首屆亞洲賽馬會議在日本東京舉辦,香港賽馬會作為創會成員之一參加了該次會議; 2、「香港賽馬會」正式開始改名為「英皇御准香港賽馬會」(The Royal Hong Kong Jockey Club)。
1961	
1962	
1963	
1964	6月,賽馬會向政府提出需要興建第二個馬場,因為快活谷馬場已經不能完全應付日益興起的賽馬運動,馬會建議選址於新界沙田,建議面積為150英畝或以上。
1965	周錫年(1903-1985),被選為香港賽馬會董事,成為首位華人馬會董事。
1966	
1967	
1968	
1969	1、馬會將跑馬地馬場擴建,使其成為現今馬場看台的一部分。現時,各座看台共可容納五萬五千名觀眾; 2、1969至1970年間,騎師彭利來連同馬伕、騎馬人等五名與馬會有關人士,先後向最少六匹賽駒餵食砒霜,以影響馬匹作賽表現,這就是轟動一時的「毒馬案」。由於此事嚴重影響香港賽馬事業的聲譽和發展,1972年新出任馬會總經理的彭福將軍開始了大刀闊斧的改革措施。
1970	
1971	1、10月19日,行政會議原則上通過賽馬會於沙田興建第二個馬場提議; 2、經英皇御准,10月1日起開始香港賽馬職業化,聘請外地專業騎師來港策騎,並開設見習騎師訓練班,訓練本地全職騎師。
1972	1、彭福將軍(Robert Bernard Penfold,CB,LVO,JP)來到香港,擔任香港賽馬會首任總經理;以鐵腕手段整頓由「毒馬案」揭示出香港賽馬會違規陋習,以重建馬迷和香港社會大眾對賽馬事業的信心。 2、見習騎師學校成立。
1973	1、政府授權馬會接受場外投注,以打擊非法外圍賭馬; 2、先後推出「三重彩」和「四重彩」兩種投注方法,下注分別買中賽事首三位和首四位勝出馬匹的人士,都可獲得派彩; 3、馬會在跑馬地馬場安裝燈光系統,10月開辦夜馬賽事; 4、12月,興建沙田馬場工程全面展開。
1974	馬會設立首六間場外投注處。此外,增設電話投注服務,共有二千個電話投注戶口。
1975	1、開辦六合彩獎券。六合彩最初只是一種「十四選六」的獎券遊戲,逢星期二開獎,現已發展為一種「四十九選六」的獎券遊戲,每星期舉行三次攪珠; 2、英國女王伊利沙伯二世與菲臘親王訪問香港,此次是英國王室在位君主首次訪問香港。期間,他們在跑馬地馬場觀看了一場夜間賽事,女王還親自頒獎予「女王伊利沙伯二世盃」賽事的冠軍。

1976	
1977	1、停止發行大馬票，象徵著六合彩全面盛行； 2、《賭博條例》（第148章）於2月17日頒布實施。
1978	1、10月7日，沙田馬場落成啟用，可容納超過八萬名觀眾，被譽為世界最完善的馬場之一，主要錦標賽事改為沙田進行； 2、賽馬會設立三間公眾騎術學校。
1979	9月，為表彰和紀念彭福將軍對香港賽馬事業的卓越貢獻，將沙田馬場中間的公園命名為彭福公園。該年12月，彭福將軍卸任馬會總經理一職，返回英國定居。
1980	
1981	電話投注系統完成電腦化程序。場外投注處亦於兩年後全面電腦化。
1982	
1983	所有馬場投注設施及場外投注處亦完成電腦化，彩票由電腦印發。
1984	1、馬會百周年紀念，香港郵政署特別發行一套四款的馬會百周年紀念郵票； 2、所有馬房遷入沙田，跑馬地馬場不再進行晨操，原位於山光道的馬房則拆卸，改建成馬會會所。
1985	
1986	
1987	
1988	1、香港首項國際賽事「香港邀請盃」於1月24日在沙田馬場舉行，由六匹本地良駒與來自新加坡、馬來西亞的六匹駿馬競逐錦標； 2、開始使用投注寶（自助投注終端機）。
1989	
1990	
1991	
1992	
1993	馬會撥款30億港元創立「英皇御准香港賽馬會慈善信託基金」，專責慈善捐款的管理分配和運營。
1994	
1995	跑馬地馬場完成重建工程，成為一個世界級水準的全草地馬場。
1996	1、7月1日，「英皇御准香港賽馬會」第二次改名為「香港賽馬會」，去除了名稱上的殖民統治色彩； 2、黃至剛（1954—）成為香港賽馬會首位華人行政總裁； 3、香港賽馬博物館開館運營。
1997	7月1日香港回歸中國，英國在香港百多年的殖民地管治宣告正式結束。香港特別行政區政府宣告成立。在「一國兩制」的政策之下，香港繼續實行資本主義制度和生活方式不變，故此，賽馬事業得以在香港被保留並得以進一步發展。 9月6日，香港特別行政區成立後首個賽馬日，首屆特首董建華主持開幕及作第一場賽事「特首盃」的頒獎嘉賓。
1998	
1999	

2000	2月7日為千禧年初三賀歲賽馬日，沙田日場的入場人數高達102,642人次，成為當時歷年之最。
2001	香港馬會賽事化驗所成為國際馬術聯盟認可的「參考化驗所」。
2002	香港國際賽事四項賽事均成為「國際一級賽」。
2003	1、馬會推出規範化足球博彩服務，名為「足智彩」； 2、8月31日，世界上最闊的高解像彩色大屏幕在沙田馬場啟用。
2004	1、沙田馬場重建工程項目之一的馬匹亮相圈正式舉用，它是全球唯一設有活動天幕的馬匹亮相圈； 2、首次與澳門賽馬會合辦「港澳盃」賽事。
2005	開放澳門賽馬會在澳門接受香港賽馬投注。
2006	《博彩稅（修訂）條例草案》獲得通過
2007	2月1日，應家柏接替退休的黃至剛出任香港賽馬會行政總裁。
2008	1、2008年夏季奧林匹克運動會的馬術比賽，由賽馬經驗和技術更加領先的香港承辦。香港賽馬會負責設計及建造香港奧運馬術比賽場地。該次賽事成功舉辦，贏得國際馬術界高度讚譽； 2、北京賽馬會所成立，成為香港賽馬會於香港之外開設的唯一一家會員制會所； 3、9月，范徐麗泰獲選為香港賽馬會首位女董事。
2009	1、香港賽馬會成立125周年； 2、新馬季獲准增加五個賽馬日，增加15場轉播海外賽事； 3、馬會成為香港首辦的大型國際綜合運動會 - 第五屆東亞運動會的「主要貢獻機構」。
2010	馬會參與設計和興建第16屆亞運會馬術場地設施，被授予「第16屆亞運會馬術比賽項目重要貢獻機構」的名街。
2011	
2012	香港賽馬會學院正式成立
2013	匯合彩池（即匯合本地及海外投注於同一彩池）獲准實行，滿足海外投注香港賽馬的需求。
2014	1、香港賽馬會成立130週年； 2、良駒「步步友」在世界馬匹最新排行榜上名列第三，創下香港賽駒歷來最高評分記錄。
2015	1、香港賽馬會重整架構，將賽馬部一分為二，分為「賽馬業務及賽馬營運部」與「賽事規管及發展部」； 2、良駒「步步友」與另一良駒並列世界馬匹排名榜首。
2016	香港馬會慈善信託基金是全球十大慈善捐助機構之一，於2016/17年度的捐款再創新高，達76億港元。
2017	
2018	8月，位於廣東省從化市的從化馬場落成啟用。
2019	3月23日，馬會首次於從化馬場舉行不接受投注的表演賽事。
2020	1月27日，馬會宣佈為防止2019新型冠狀病毒的傳播，限制賽馬日入場人數，只容許賽事必要人員進場，並關閉全港所有場外投注站。

2、圖片來源

圖1：　　Albrecht Dürer，“Der heilige Georg. Holzschnitt 21 x 14,2 cm”。資料來源：Wikipedia，H.-P.Haack，CC-BY-SA-3.0，https://upload.wikimedia.org/wikipedia/commons/7/79/D%C3%BCrer_St._Georg.JPG，訪問日期2020年5月22日。

圖2：　　Scanlon R，“Horse Dealing No.1”，1841。資料來源：RareOldPrints，http://www.rareoldprints.com/swlitf/catalogue.nsf/8CD3E108817CEED8802577C9007AE741/$FILE/HorseDealing1.jpg，訪問日期2020年5月22日。

圖3：　　George Stubbs，“Godolphin Arabian”，1806。資料來源：Wikipedia，公有領域，https://upload.wikimedia.org/wikipedia/commons/9/99/Godolphin_Arabian.jpg，訪問日期2020年5月22日。

圖4：　　John Wootton，“The Byerley Turk”。資料來源：Wikipedia，公有領域，https://upload.wikimedia.org/wikipedia/commons/e/ec/Byerly_Turk.jpg，訪問日期2020年5月22日。

圖5：　　Unknown，“Darley Arabian”。資料來源：Wikipedia，公有領域，https://upload.wikimedia.org/wikipedia/commons/1/12/Darley_Arabian.jpg，訪問日期2020年5月22日。

圖6：　　“Spirit of the Times”。資料來源：Worthopedia，https://thumbs.worthpoint.com/zoom/images1/1/0117/03/estate-horse-racing-sporting-hunting_1_fcf4fb6c9e62d6ff515a9f912da2df45.jpg，訪問日期2020年5月22日。

圖7：　　Thomas Rowlandson，“Royal Cockpit”，1808。Metropolitan Museum of Art，New York。資料來源：Wikipedia，公有領域，https://upload.wikimedia.org/wikipedia/commons/4/4d/Royal_Cockpit_%28Microcosm_of_London%2C_plate_18%29_MET_DP873993.jpg，訪問日期2020年5月22日。

圖8：　　Samuel Lane，“Lord George Cavendish Bentinck”，1836。資料來源：Wikipedia，公有領域，https://upload.wikimedia.org/wikipedia/commons/8/8a/Lord_George_Cavendish_Bentinck_by_Samuel_Lane_oil_on_canvas%2C_circa_1836.jpg，訪問日期2020年5月22日。

圖9：　　Thomas Rowlandson，“Betting”。資料來源：Project Gutenberg，https://www.gutenberg.org/files/53835/53835-h/images/illusc08.jpg，訪問日期2020年5月22日。

圖10：　　佚名，“Lord Rothschild with Prince Charles”，2019。資料來源：Jewish News，https://static.timesofisrael.com/jewishndev/uploads/2019/12/Image-1-640x400.jpg，訪問日期2020年5月22日。

圖11：　　佚名，“The Start. The Derby 1867”。資料來源：RareOldPrints，http://www.rareoldprints.com/swlitf/catalogue.nsf/B496AE216DA6913B8025708C002C8202/$FILE/Pict0004.jpg，訪問日期2020年5月22日。

圖12：　　Thomas Rowlandson，“The Jockey Club”。資料來源：Geri Walton，https://i2.wp.com/www.geriwalton.com/wp-content/uploads/2014/07/RW-1803-x350-The-Jockey-Club-by-Thomas-Rowlandson.jpg?resize=300%2C214&ssl=1，訪問日期2020年5月22日。

圖13：　　Michael Filby論文封面，“A Sociology of Horse-racing in Britain: A Study of the Social Significance and Organisation of British Horse-racing”，1983。

圖14：　　Immanuel Giel，“Tattersall’s The First Auction at Tattersall’s New Buildings ILN 1865”。資料來源：Wikipedia，https://upload.wikimedia.org/wikipedia/commons/3/3d/Tattersall%27s_The_First_Auction_at_Tattersall%27s_New_Buildings_ILN_1865.jpg，訪問日期2020年5月22日。

圖15：　佚名，“Frederick James Archer”，1874-1886。資料來源：Wikipedia，公有領域，https://upload.wikimedia.org/wikipedia/commons/a/a3/Fredarcher3.PNG，訪問日期2020年5月22日。

圖16：　Edward Frederick Brewtnall，“The Derby Day, a Sketch in the Betting Ring”。資料來源：H. Layer，http://online.sfsu.edu/hl/HRace.bm1874.jpg，訪問日期2020年5月22日。

圖17：　W. L. Sheppard，“Betting on the Favorite”，1870。資料來源：Wikipedia，公有領域，https://upload.wikimedia.org/wikipedia/commons/a/a2/Betting_on_the_Favorite.jpg，訪問日期2020年5月22日。

圖18：　William Powell Frith，“The Derby Day”，1856-1858。Tate Britain，London。資料來源：Wikipedia，公有領域，https://upload.wikimedia.org/wikipedia/commons/0/0a/William_Powell_Frith_-_The_Derby_Day_-_Google_Art_Project.jpg，訪問日期2020年5月22日。

圖19：　John Michael Wright，“Portrait of Charles II in Garter Robes”，1660-1665。National Portrait Gallery，London。資料來源：Wikipedia，公有領域，https://upload.wikimedia.org/wikipedia/commons/5/51/King_Charles_II_by_John_Michael_Wright_or_studio.jpg，訪問日期2020年5月22日。

圖20：　Pollard James，“Newmarket Races”。資料來源：RareOldPrints，http://www.rareoldprints.com/swlitf/catalogue.nsf/images/9E7885C08300BD2980258189006683E1/$FILE/Newmarket%20Races.JPG?openelement，訪問日期2020年5月22日。

圖21：　Florian Christoph，“2000 Guineas 2014”。資料來源：Wikipedia，CC BY 2.0，https://upload.wikimedia.org/wikipedia/commons/7/75/Newmarket_grandstand_%2814127177733%29.jpg，訪問日期2020年5月22日。

圖22：　Pollard James，“Ascot Heath Races”。資料來源：RareOldPrints，http://www.rareoldprints.com/swlitf/catalogue.nsf/2CDBAE21C210D618802580E7005FA7AC/$FILE/Ascot%20Heath%20Races.JPG，訪問日期2020年5月22日。

圖23：　“Sheikh Saeed Al Maktoum with Queen Elizabeth II at Royal Ascot”，1995。資料來源：Wikipedia，Almaktoumfamily123，CC BY-SA 4.0，https://upload.wikimedia.org/wikipedia/commons/1/1a/Sheikh_Saeed_with_Queen_Elizabeth_II_%281995%29.jpg，訪問日期2020年5月22日。

圖24：　“Royal Ascot 2015”，2015。資料來源：資料來源：Flickr，Dumphasizer，CC BY-SA 2.0，https://flic.kr/p/vesBXK，訪問日期2020年5月22日。

圖25：　Walter Crane，“Map of the world showing the extent of the British Empire in 1886”，1886。資料來源：Wikipedia，公有領域，https://upload.wikimedia.org/wikipedia/commons/thumb/9/9c/British_empire_1886.jpg/800px-British_empire_1886.jpg，訪問日期2020年5月22日。

圖26：　“Happy Valley Racecourse 1865”，1865。資料來源：Flickr，Edgar，https://flic.kr/p/39Xqu1，訪問日期2020年5月22日。

圖27：　Captain John Platt，“The signing and sealing of the Treaty of Nanking”，1846。資料來源：Wikipedia，公有領域，https://upload.wikimedia.org/wikipedia/commons/f/f8/The_Signing_of_the_Treaty_of_Nanking.jpg，訪問日期2020年5月22日。

圖28：　“Photograph of the Flying Horse Of Gansu”。甘肅省博物館館藏。資料來源：Wikipedia，G41rn8，CC BY-SA 4.0，https://upload.wikimedia.org/wikipedia/commons/thumb/2/25/Gansu_Museum_2007_257.jpg/800px-Gansu_Museum_2007_257.jpg，訪問日期2020年5月22日。

圖29：　“唐太宗昭陵六駿”。西安碑林博物館、美國賓夕法尼亞大學博物館藏。資料來源：http://mmbiz.qpic.cn/mmbiz_jpg/fmBpdPPGC5GayHQL8

yuXhtpRGPjicH0ATO7rLsXYqL4o3NicyZZVrQciadTicerLsWOuict1B1TL
1uUfPbYMpUIW7OA/0?wx_fmt=jpeg，訪問日期2020年5月22日。

圖30：　Candace Gray，"Study of the Fox Hunter's Attire"，2008。資料來源：Flickr，CC BY-NC-ND 2.0，https://flic.kr/p/6tPBLR，訪問日期2020年5月22日。

圖31：　Marciano António Baptista，"Race Meeting Happy Valley Racecourse"，1864。資料來源：Albert Yu先生提供。

圖32：　"1988-12-21 Governor's Cup racebook cover"。資料來源：Racing Memories，https://racingmemories.hk/wp-content/uploads/2014/10/1988-12-21-Governors-Cup-racebook-cover-600.jpg，訪問日期2020年5月22日。

圖33：　Albert Hotz,　"Hong Kong Happy Valley Race Course, ca. 1870"。資料來源：　Flickr，公有領域，https://flic.kr/p/2eqDQhu，訪問日期2020年5月22日。

圖34：　Wirgman，"Happy Valley One-Shilling Stand"，1858。Illustrated London News。資料來源：Racing Memories，公有領域，https://racingmemories.hk/wp-content/uploads/2014/09/1858-05-15IllustratedLondon-News-002.jpg，訪問日期2020年5月22日。

圖35：　Wirgman，"Start of the Celestials"，1858。Illustrated London News。資料來源：Racing Memories，公有領域，https://racingmemories.hk/wp-content/uploads/2014/09/1858-05-15IllustratedLondon-News-004.jpg，訪問日期2020年5月22日。

圖36：　Wirgman，"The Road"，1858。Illustrated London News。資料來源：Racing Memories，公有領域，https://racingmemories.hk/wp-content/uploads/2014/09/1858-05-15IllustratedLondon-News-003.jpg，訪問日期2020年5月22日。

圖37：　"快活谷馬場賽事"，1908。資料來源：政府檔案處歷史檔案館提供。

圖38：　佚名，"A fire in 1918 at the Happy valley race course Hong Kong"。資料來源：　Wikipedia，公有領域，https://upload.wikimedia.org/wikipedia/commons/9/99/HappyvalleyfireHK1918.jpg，訪問日期2020年5月22日。

圖39：　"Formation of HKJC announcement"，1884。Hong Kong Daily Press。資料來源：Racing Memories，公有領域，https://racingmemories.hk/wp-content/uploads/2014/11/1984-11-04FormationHKJC-hkdp-600.jpg，訪問日期2020年5月22日。

圖40：　"1941年日軍入城式"，1941。資料來源：香港歷史博物館提供。

圖41：　"香港賽馬場明信片"。資料來源：Horse Racing Stamp，http://keibastamp.d.dooo.jp/20191220.jpg，訪問日期2020年5月22日。

圖42：　"Happy Valley, Race Course"，1962年。National Geographic。資料來源：　http://1.bp.blogspot.com/-_JY97o6j0Jg/Ux9PctKIa5I/AAAAAAAAcxI/9etja0ZmRA4/s1600/Picture31.jpg，訪問日期2020年5月22日。

圖43：　佚名，"六十年代・舊中環香港賽馬會投注站"。資料來源：Oldhkphoto，https://scontent.fhkg3-2.fna.fbcdn.net/v/t31.0-8/s960x960/416489_399611753457386_404687638_o.jpg?_nc_cat=106&_nc_sid=e007fa&_nc_ohc=U9ygrMr8CIgAX8Ak-co&_nc_ht=scontent.fhkg3-2.fna&_nc_tp=7&oh=b3472d209458ae3c115f75a31ec2fa31&oe=5EF40401，訪問日期2020年5月22日。

圖44：　佚名，"Sha Tin Land Reclamations, 70s"。資料來源：香港賽馬會，https://www.beijingclubhouse.com/en-US/images/home/home_st40_03.jpg，訪問日期2020年5月22日。

圖45：　Godfrey Argent，"Robert Bernard Penfold"，1970。National Portrait Gallery，United Kingdom。資料來源：Wikipedia，https://upload.wikimedia.org/wikipedia/zh/a/a2/Robert_Bernard_Penfold.jpg，訪問日期

2020年5月22日。

圖46：　"毒馬案開審"，1971。資料來源：http://notcomment.com/wp/wp-content/uploads/2015/03/%E6%AF%92%E9%A6%AC%E6%A1%88.jpg，訪問日期2020年5月22日。

圖47：　佚名，"The Apprentice Jockeys Hostel in Sha Tin Racecourse in the end of 70s to 80s"。資料來源：香港賽馬會，https://campaign.hkjc.com/ch/racing-trainee-recruitment/images/mission-03-b.jpg，訪問日期2020年5月22日。

圖48：　佚名，"80年代場外投注彩票"。資料來源：Google　Photo，J Lun，https://lh3.googleusercontent.com/pw/ACtC-3eM_qkhLv-1fAzap15q-rhx1EWPbXgt00n1Yt8eMcfBPismOfOFcl02yu-G5KoijWfwybEsXRXBUs zd8A3zO1Thdyw88KAljT2Mb9Zo3XhZcjt1sWTcP8ElXgx6zDZoIaddF1d4 xqEvN7WuC4K7HYvBVg=w629-h750-no?authuser=0，訪問日期2020年5月22日。

圖49：　佚名，"A　Royal　visit"。資料來源：香港賽馬會，https://campaign.hkjc.com/en/qe-ii-cup/images/history-1975.jpg，訪問日期2020年5月22日。

圖50：　佚名，"Governor Sir Murray MacLehose opened the Sha Tin Racecourse"，1978。資料來源：　Racing　Memories，https://racingmemories.hk/wp-content/uploads/2011/10/1978-10-07ShaTinOpeningGovernorChairman_resize.jpg，訪問日期2020年5月22日。

圖51：　佚名，"沙田馬場"。資料來源：Google　Photo，J　Lun，https://lh3.googleusercontent.com/pw/ACtC-3duO0z2hhVIyUTaHxTJ3Tba ZTacsBI0zQIaTcO-2EB6hntQMzF9HsSlDEESjdDcMkO8ixtkXzyy_lnwmzJAmS7-TJgp1M0rcBhZ_9bDTBX0qtHOMQvOVgVlGJOtaaIz-qBHuxrtqVt1rSsxGwg220r1gw=w1034-h704-no?authuser=0，訪問日期2020年5月22日。

圖52：　WiNG，"Sha　Tin　Racecourse"，2009。資料來源：Wikipedia，Wpcpey，https://upload.wikimedia.org/wikipedia/commons/8/84/Sha_Tin_Racecourse_Overview_2009.jpg，訪問日期2020年5月22日。

圖53：　Minghong，"Photo　of　Happy　Valley　Racecourse"，2008。資料來源：Wikipedia，CC BY-SA　4.0，https://upload.wikimedia.org/wikipedia/commons/thumb/e/e4/Happy_Valley_Racecourse_1.jpg/1024px-Happy_Valley_Racecourse_1.jpg，訪問日期2020年5月22日。

圖54：　"Handover　of　Hong　Kong"，1997。資料來源：HKEJ，https://static.hkej.com/eji/images/2015/06/17/1078436_26d384bb46b77eef640256c 0e0626100.jpg，訪問日期2020年5月22日。

圖55：　Tksteven，"Beijing 2008 Olympic Game - Equestrian Event - Eventing Jumping,　Individual　Final"，2008。資料來源：Wikipedia，CC-BY-SA-2.5，https://upload.wikimedia.org/wikipedia/commons/c/c4/Beijing2008_HKS11.JPG，訪問日期2020年5月22日。

圖56：　"從化馬場鳥瞰圖"。資料來源：香港賽馬會，https://crc.hkjc.com/ch/HKJCConghuaInfographic_TC.pdf，訪問日期2020年5月22日。

圖57：　"香港賽馬國際一級賽"。資料來源：香港賽馬會，https://corporate.hkjc.com/corporate/common/chinese/pdf/report-2018-19/HKJC_AR19_Book_A_Racing.pdf，訪問日期2020年5月22日。

圖58：　"香港賽駒躋身世界馬匹年終排名"。資料來源：香港賽馬會，https://corporate.hkjc.com/corporate/common/chinese/pdf/report-2018-19/HKJC_AR19_Book_A_Racing.pdf，訪問日期2020年5月22日。

圖59：　"香港名駒集——祿怡"。資料來源：百駿圖，http://horsehkg.tripod.com/besthk/001.jpg，訪問日期2020年5月22日。

圖60：　"香港名駒集——翠河"。資料來源：百駿圖，http://

horsehkgphotogallery.tripod.com/hk/good/river/riv08.jpg，訪問日期2020年5月22日。

圖61：　"2019年香港國際馬匹拍賣會"，2010。資料來源：香港賽馬會，https://res.hkjc.com/racingnews/wp-content/uploads/sites/3/2019/07/2_20190705_HKIS-1.jpg，訪問日期2020年5月22日。

圖62：　Wallace Wan，"告東尼與周永健博士"，2018年。資料來源：Wallace Wan先生提供。

圖63：　ShingBoning，"Happy Valley Clubhouse HK Jockey Club"，2008。資料來源：Wikipedia，CC-BY-SA-3.0，https://upload.wikimedia.org/wikipedia/commons/c/cc/HK_Happy_Valley_Clubhouse_HK_Jockey_Club_2.JPG，訪問日期2020年5月22日。

圖64：　David290，"HK Jockey Club Beijing Clubhouse"，2018。資料來源：Wikipedia，CC-BY-SA-4.0，https://upload.wikimedia.org/wikipedia/commons/1/16/HK_Jockey_Club_Beijing_Clubhouse.jpg，訪問日期2020年5月22日。

圖65：　"香港賽馬會會員飲食宴會服務"，2020。資料來源：香港賽馬會，https://member.hkjc.com/badges/may20/tc/28/index.html，訪問日期2020年5月22日。

圖66：　Unknown，"Mosaic depicting a charioteer and horse from each of the four factions"，3rd century AD。National Roman Museum，Rome。資料來源：Wikipedia，Carole Raddato，CC-BY-SA-2.0，https://upload.wikimedia.org/wikipedia/commons/2/2f/Mosaic_depicting_a_charioteer_and_horse_from_each_of_the_four_factions_%28Red%2C_White%2C_Blue%2C_and_Green%29%2C_3rd_century_AD%2C_Palazzo_Massimo_all_Terme%2C_Rome_%2812218168336%29.jpg，訪問日期2020年5月22日。

圖67：　Unknown，"Happy Valley Racecourse Night Race"。資料來源：香港賽馬會，https://www.hkjc.org.cn/en-US/images/go-racing/raceday-nighttime.jpg，訪問日期2020年5月22日。

圖68：　"《元亨療馬集》封面"。

圖69：　"上海競馬場明信片一"。資料來源：Horse Racing Stamp，http://keibastamp.d.dooo.jp/2011_1211_111418-DSCN01621.jpg，訪問日期2020年5月22日。

圖70：　"上海競馬場明信片二"。資料來源：Horse Racing Stamp，http://keibastamp.d.dooo.jp/convv09411.jpg，訪問日期2020年5月22日。

圖71：　"漢畫像石《仙人六博》"。資料來源：https://i0.wp.com/exoticjades.com/wp-content/uploads/2016/01/images-1.jpg?resize=347%2C211&ssl=1，訪問日期2020年5月22日。

圖72：　"漢畫像石《鬥雞》"。資料來源：http://upload.art.ifeng.com/2018/0504/1525422327849.jpg，訪問日期2020年5月22日。

圖73：　佚名，"大馬票"。資料來源：Google Photo，J Lun，https://lh3.googleusercontent.com/pw/ACtC-3d-xiZuFxjTelUm34ig8SJP6q4y378xF9ICPnd5Q-tmzpLlA_M1fFIZwnjyEpJa4Ifmnvreh7rXRQFCrRaIpObGIUGyRgkMu1-dJumin8cARarx1v6b200vXOkzJ9qry7oMwmq9ZzwZX-0K375yj4pG3Q=w674-h399-no?authuser=0，訪問日期2020年5月22日。

圖74：　佚名，"Met, Earthenware figures playing liubo, Han Dynasty"。資料來源：Wikipedia，sailko，CC-BY-SA-3.0，https://upload.wikimedia.org/wikipedia/commons/5/55/Met%2C_Earthenware_figures_playing_liubo%2C_Han_Dynasty.JPG，訪問日期2020年5月22日。

圖75：　"升官圖"，1646。資料來源：https://blob.keylol.com/forum/201805/15/215026pjmejvv4mv0wvf3f.jpg，訪問日期2020年5月22日。

圖76：　"《唐律疏議》封面"。資料來源：https://images-cn.ssl-images-amazon.com/images/I/81JrzG1Lz7L.jpg，訪問日期2020年5月22日。

圖77：　"《大明律》封面"。資料來源：https://i2.kknews.cc/SIG=o4om7r/37p500036516pnro9379.jpg，訪問日期2020年5月22日。

圖78：　"《大清律例通考校註》封面"。

圖79：　Yui*，"Playing mahjong"，2008。資料來源：Wikipedia，CC-BY-SA-2.0，https://upload.wikimedia.org/wikipedia/commons/c/c5/Mahjong_game.jpg，訪問日期2020年5月22日。

圖80：　佚名，"六七十年代流行的馬簿"，資料來源：Google Photo，J Lun，https://lh3.googleusercontent.com/pw/ACtC-3f0eyNifS9ODXxwHbW_qZpvyRpILaWDV1GGJ_DlUdviHZULRr9Oa6cquEygBRS7t2VGWvNFQK0wGke6eWY3rnziQvnfRFDQEp8t3THjpEymTJLQZlKrxZYdMM1GE0Q1MrYAHZoxlBsDL1WI3IgU57RYEA=w500-h750-no?authuser=0，訪問日期2020年5月22日。

圖81：　佚名，"Blackjack board"，2006。資料來源：Wikipedia，https://upload.wikimedia.org/wikipedia/commons/4/4b/Blackjack_board.JPG，訪問日期2020年5月22日。

圖82：　Ohconfucius，"Panorama of the Happy Valley Racecourse"，2008。資料來源：Wikipedia，CC-BY-3.0，https://upload.wikimedia.org/wikipedia/commons/a/a8/HV_racecourse.jpg，訪問日期2020年5月22日。

圖83：　佚名，"掛紅旗的馬場"。資料來源：Google Photo，J Lun，https://lh3.googleusercontent.com/pw/ACtC-3cyhOygxsj5XBBhcQIJyLKRucyGSo98yeS06mzJKrlBf4O5Oi-kUxadoPrKria3HqIE-4y_TZI1IC-7lx-m8crsNSjONR5vOvDNh6VHUfmmcMRrDmhDzwIEQA4oeI04JEVCxisM5FYsN_2ylWlezts1gQ=w1406-h937-no?authuser=0，訪問日期2020年5月22日。

圖84：　"鄉議局主席劉業強名下馬匹精彩日子"。資料來源：Albert Yu先生提供。

圖85：　IQRemix，"Hong Kong Jockey Club"，2016。資料來源：Flickr，CC-BY-SA-2.0，https://flic.kr/p/vtra3w，訪問日期2020年5月22日。

圖86：　Wallace Wan，"薛浩然先生與女兒於沙田馬場馬匹亮相圈的合照"，2018。資料來源：Wallace Wan先生提供。

圖87：　佚名，"Hotung boys"，1920。資料來源：Wikipedia，公有領域，https://upload.wikimedia.org/wikipedia/commons/3/3a/Hotung_boys.jpg，訪問日期2020年5月22日。

圖88：　Wallace Wan，"沙田馬場普通席內的觀眾"，2019。資料來源：Wallace Wan先生提供。

圖89：　"香港賽馬會在宣傳非法賭博的海報"。

圖90：　"有節制博彩宣傳刊物"。資料來源：香港賽馬會，https://www.hkjc.com/responsible-gambling/images/responsible-gambling/HKJC_RG_Leaflet_TC.jpg，訪問日期2020年5月22日。

圖91：　"有節制博彩媒體宣傳"。資料來源：香港賽馬會，https://www.hkjc.com/responsible-gambling/ch/responsible-gambling/RG%20Public%20Report_aw_09%20(20180914).pdf，訪問日期2020年5月22日。

圖92：　佚名，"報攤上的馬經"，2020。資料來源：Apple Daily，http://thumbor-prod-ap-ne-1.photo.aws.arc.pub/Q5Fckxkmu5Y1DAdVbtwtc11YMlg=/arc-photo-appledaily/ap-ne-1-prod/public/4UZC52EMQ22RMCKWS6ZW636U5Y.jpg，訪問日期2020年5月22日。

圖93：　佚名，"董驃"。資料來源：https://i2.kknews.cc/SIG=fvssiu/66n60005956oq4n214s9.jpg，訪問日期2020年5月22日。

圖94：　"馬會行政架構"。資料來源：香港賽馬會，https://corporate.hkjc.com/corporate/common/images/who-we-are/201702_crop_organization_chart_c.gif，訪問日期2020年5月22日。

圖95：　"香港賽馬會演藝學院"。資料來源：香港賽馬會，https://charities.hkjc.com/charities/common/chinese/images/community-contributions/artsculture-and-heritage-3.jpg，訪問日期2020年5月22日。

圖96：　　"大館當代藝術館"。資料來源：Wikipedia，Sumn Lyorwo 2018，CC-BY-SA-4.0，https://upload.wikimedia.org/wikipedia/commons/2/20/HK_Central_%E4%B8%AD%E7%92%B0%E5%A4%A7%E9%A4%A8_Tai_Kwun_Open_Day_November_2018_SSG_100.jpg，訪問日期2020年5月22日。

圖97：　　"香港理工大學賽馬會創新樓"。資料來源：香港賽馬會，https://charities.hkjc.com/charities/common/chinese/images/community-contributions/education-and-training-1.jpg，訪問日期2020年5月22日。

圖98：　　"「惜食堂」賽馬會食物回收及熱食援助計劃"。資料來源：香港賽馬會，https://charities.hkjc.com/charities/common/chinese/images/community-contributions/emergency-and-poverty-relief-1.jpg，訪問日期2020年5月22日。

圖99：　　"滘西洲"。資料來源：Wikipedia，Tksteven，公有領域，https://upload.wikimedia.org/wikipedia/commons/9/93/Kau_Sai_Chau.JPG，訪問日期2020年5月22日。

圖100：　"CUHK Medical Centre"。資料來源：Wikipedia，Prosperity Horizons，CC-BY-SA-4.0，https://upload.wikimedia.org/wikipedia/commons/7/7f/CUHK_Medical_Centre.jpg，訪問日期2020年5月22日。

圖101：　"北京2008年奧運會馬術比賽場地"。資料來源：香港賽馬會，https://charities.hkjc.com/charities/common/english/images/community-contributions/sports-and-recreation/hkjc-130-story-sports-equestrian-1.jpg，訪問日期2020年5月22日。

圖102：　"疫情下的沙田馬場"，2020。資料來源：薛浩然先生提供。

圖103：　"2005年Mercedes-Benz香港打吡大賽（一）"，2005。資料來源：香港賽馬會，https://www.hkjc.com/chinese/news/images/20050313_derby_1_l.jpg，訪問日期2020年5月22日。

圖104：　"薛浩然與賽馬會行政總裁應家柏合照"，2019。

圖105：　"鄉議局主席劉業強名下馬匹勝出香港一哩錦標"，2013。資料來源：Albert Yu先生提供。

圖106：　"賽馬會會員刊物Badges封面"，2020。資料來源：香港賽馬會，https://member.hkjc.com/badges/may20/tc/index.html，訪問日期2020年5月22日。

圖107：　"賽馬會提供予會員給馬迷的賽馬資訊"，2020。資料來源：香港賽馬會提供。

圖108：　Wallace Wan，"賽馬情景"。資料來源：由Wallace Wan先生提供。

圖109：　Peter Bonnett，"Happy Valley Racecourse"，2010。資料來源：Flickr，CC-BY-SA-2.0，https://flic.kr/p/8LmJkc，訪問日期2020年5月22日。

圖110：　"馬匹亮相圈"。資料來源：香港賽馬會，https://www.beijingclubhouse.com/en-US/images/home/home_st40_04.jpg，訪問日期2020年5月22日。

圖111：　"CRC-Exhibition Raceday"。資料來源：香港賽馬會，https://crc.hkjc.com/en/content-operation/album/album_photo/album-0400/crc20190324_09.jpg，訪問日期2020年5月22日。

圖112：　Hank Anderson，"Horse Racing"，2005。資料來源：Flickr，CC-BY-SA-2.0，https://flic.kr/p/3XiVF2，訪問日期2020年5月22日。

圖113：Chriskichau，"國際騎師錦標賽2016開幕煙花儀式"，2016。資料來源：Wikipedia，CC-BY-SA-4.0，https://upload.wikimedia.org/wikipedia/commons/8/8b/%E5%9C%8B%E9%9A%9B%E9%A8%8E%E5%B8%AB%E9%8C%A6%E6%A8%99%E8%B3%BD_2016_-_3.jpg，訪問日期2020年5月22日。

圖114：　"2018年農曆新年沙田馬場賽馬日（一）"，2018。資料來源：香港賽馬會，https://res.hkjc.com/racingnews/wp-content/uploads/sites/2/2018/02/

racingnews_20180218_2.jpg，訪問日期2020年5月22日。
圖115：“2018年農曆新年沙田馬場賽馬日（二）”，2018。資料來源：香港賽馬會，https://res.hkjc.com/racingnews/wp-content/uploads/sites/2/2018/02/2racingnews_20180218_2.jpg，訪問日期2020年5月22日。

註：本書封面之銅馬圖片取材自及攝於馬會總部大樓正門的銅馬雕像。

3、參考文獻及書籍

英文文獻及書籍

Peter Bailey，“Leisure and Class in Victorian England: Rational Recreation and the Contest for Control, 1830-1885”，London：Routledge，1978。

Rebecca Cassidy，“The Cambridge Companion to Horseracing”，New York，Cambridge University Press，2013。

Johann Sommerville，“Royalists and Patriots: Politics and Ideology in England 1603-1640”，Addison Wesley/ Longman，1999。

Peter Fuller，Jon Halliday，“The Psychology of Gambling”，Harper & Row，1975。

Robert W. Malcolmson，“Popular Recreation in English Society 1700-1850”，Cambridge：Cambridge University Press，1973。

John H. Plumb，“The Commercialisation of Leisure in Eighteenth-century England”，University of Reading，1973。

Hugh Cunningham，“Leisure in the Industrial Revolution, c. 1780-c. 1880”，New York：St. Martin's Press，1980

Wary Vamplew，“The Turf: A Social and Economic History of Horse Racing”，London：Allen Lane，1976。

Roger Longrigg，“The English Squire and His Sport”，London：Michael Joseph，1977。

Michael Paul Filby，“A Sociology of Horse-racing In Britain: A Study of the Social Significance and Organization of British Horse-racing”，PhD Dissertation，University of Warrick，1983。

Anthony Delves，“Popular Recreation and Social Conflict in Derby, 1800-1850”，in Eileen Yeo and Stephen Yeo，“Popular Culture and Class Conflict 1590-1914: Exploration in the History of Labour and Leisure”，Brighton：Harvester，1981。

Edward C. Devereux，“Gambling in Psychological and Sociological Perspective”，in David L. Sills，“International Encyclopedia of the Social Sciences”，New York：Macmillan and Free Press，1968。

Otto Newman，“Gambling: Hazard and Reward”，London：Athlone Press，1972。

Jeffrey Richards，“General Editor's Foreword”，in Mike Huggins，“Horseracing and the British 1919-1939”，Manchester：University of Manchester Press，2003。

Stella Margetson，“Victorian High Society”，London：Batsford，1980。

Austin Coates，“China Races”，Oxford：Oxford University Press，1983。

David Hedges，“Quartet Boom in Hong Kong”，The Sporting life，1975。

Bert W. Okuley's Report，The Asian Magazine，Oct16，1977。

中文文獻、書籍及古籍

羅伯特.K.G.坦普爾（Robert K. G. Temple）著，陳養正、陳小慧譯，《中國：發明與發現的國度——中國科學技術史精華》，南昌：21世紀出版社，1995。

沈弘編譯，《遺失在西方的中國史——<倫敦新聞畫報>記錄的晚清1842-

1873（中）》，北京：北京時代華文書局，2014。

張連興，《香港二十八總督》，北京：朝華出版社，2007。

周家建，《濁世消磨——日治時期香港人的休閒生活》，香港：中華書局，2015。

關禮雄，《日佔時期的香港》，香港：三聯書店，2015。

謝成俠，《中國的養馬業》，上海：永祥印書館，1952。

（唐）歐陽詢，《藝文類聚》。

（漢）衛宏，《漢官舊儀補遺》。

曹旅寧，〈秦律《廄苑律》考〉，《中國經濟史研究》，2003年3期。

（元）脫脫，阿魯圖，《宋史》。

張學文，《養殖史話：古代畜牧與古代漁業》，現代出版社，2015。

于船，《中國獸醫經典》，中國農業大學出版社，2003。

（東漢）班固，《漢書》。

（隋）顏之推，《顏氏家訓》。

（南宋）張端義，《貴耳集》。

（西漢）司馬遷，《史記》。

蕭梅花，郭雙林，《中國賭博史》，文津出版社，1996。

（唐）長孫無忌，《唐律疏議》。

（宋）竇儀，《宋刑統》。

（明）宋濂，《元史》

（明）李善長，舒化，劉惟謙，《大明律集解附例》。

（清）《大清律例》。

涂文學，《賭博縱橫》，民主與建設出版社，1997。

莊輝明，《西晉書·東晉書》，香港：中華書局，2005。

嚴忠明，《香港賽馬煉金術》，香港中和出版，2017。

網絡資料/新聞媒體

<世界賽馬運動發展史>，取自中國國家馬業網：http://old.chinahorse.org/html/4037.html，訪問日期2020年5月22日。

<香港賽馬會慈善信託基金概覽>，取自香港賽馬會網站：http://charities.hkjc.com/charities/chinese/charities-trust/index.aspx，訪問日期2020年5月22日。

<1976年四重彩爆大冷 馬會派彩破紀錄>，取自蘋果日報網站：http://hk.apple.nextmedia.com/realtime/news/20140218/52196832，訪問日期2020年5月22日。

< Jockey Club Honours Penfold Renamed Penfold Park >，英文虎報（The Standard），1979年9月18日。

<2018/19年度業務總結>，取自香港賽馬會網站：https://corporate.hkjc.com/corporate/chinese/history-and-reports/annual-18-19.aspx，訪問日期2020年5月22日。

政府文件

MEMORANDUM FOR EXECUTIVE COUNCIL RACE COURCES, For Discussion on 23rd July 1968, XCR(68)196，香港歷史檔案館，館藏文件。

MEMORANDUM FOR EXECUTIVE COUNCIL PROPOSED SECOND RACE COURCE AT SHATIN, For Discussion on 19th October 1971, XCR(71)219，香港歷史檔案館，館藏文件。

Resumption of land for the Sha Tin Race Course Borrow Area at Ma Niu Sha Tin New Territories, From D.C.N.T To Colonial Secretary, (11) in NT 9/998/65 (RES)，香港歷史檔案館，館藏文件。

致　謝

　　本書得以完成，要感謝下列的幾位人士：張琪女士、史煥高先生、蔡藝女士、廖斯女士、劉淑芬女士在有關資料的蒐集、整理方面給予協助。在此一併表示感謝。

　　特別一提的是劉家樑先生在稿件整理、資料圖片的蒐尋，和與應家柏先生訪談錄的安排、整理和校對給予的幫助，謹此致謝。

　　此外，作者亦感謝香港賽馬會行政總裁應家柏先生（Mr. Winfried Engelbrecht-Bresges）接受訪問，使本書內容更為豐富。

　　最後，特別鳴謝孫少文基金會的支持，使本書得以圓滿完成。